ABRÉGÉ ÉLÉMENTAIRE
DES PRINCIPES
DE
L'ÉCONOMIE POLITIQUE.

(Par Germain Garnier.)

A PARIS,

Chez H. AGASSE, Libraire, rue des Poitevins.

L'an 4e de la République.

(1796.)

[illegible]

AVERTISSEMENT.

CET *Abrégé* n'était pas destiné à paraître seul ; il faisait partie d'un ouvrage de plusieurs volumes dont la publication se trouve retardée par différentes circonstances. J'ai pensé que dans un moment où l'on paraît enfin songer à cette dette sacrée dont chaque génération est chargée envers celle qui se prépare à lui succéder, où l'on offre journellement à la jeunesse des livres élémentaires sur toutes les sciences qui doivent entrer dans son éducation, des *élémens d'économie politique* ne seraient pas sans utilité.

Cette science si importante pour le bonheur des nations, si indispensable pour ceux que la constitution de leur pays appelle à la direction des affaires publiques, si utile à tous les autres pour l'administration de leur fortune particuliere, cette science si abstraite et si généralement méconnue, dans l'étude de laquelle les plus grands philosophes (1) n'ont pu se défendre de quelques erreurs, est peut-être, de toutes les sciences, celle où le besoin d'un ouvrage de ce genre se fait le plus sentir.

Nous possédons une foule d'excellens traités particuliers sur les différentes matieres de l'économie politique; mais un livre qui rassemble tous les principes de cette science, qui enchaîne toutes les vérités dont elle se compose, en les assujettissant à un ordre méthodique pour n'en

---

(1) Locke, Montesquieu, &c.

former qu'un ſeul corps de doctrine, eſt un livre qui nous manque abſolument; et c'eſt peut-être à cette cauſe qu'il faut s'en prendre, ſi cette ſcience a fait, juſqu'à ce moment, auſſi peu de progrès parmi nous. Je n'ai certainement pas la prétention d'avoir entrepris une auſſi grande tâche, encore moins d'avoir pu la remplir dans une brochure de 2 à 300 pages, mais j'ai voulu l'indiquer.

L'ouvrage le plus parfait et le plus complet qui exiſte ſur l'économie politique, celui de Smith ſur *la Nature et les Cauſes de la richeſſe des nations* (ouvrage que nous ne poſſédons pas encore dans notre langue), manque d'ordre et de méthode; et, par cette raiſon, il n'eſt pas propre à diriger des commençans, malgré l'étendue et la netteté de ſes diſcuſſions. L'auteur s'eſt tracé, à ce qu'il ſemble, un plan trop circonſcrit pour la vaſte carriere qu'il avait à parcourir; auſſi ſon génie, qui n'a pu ſe contenir dans ces bornes étroites, a fait, à chaque pas, des excurſions, et s'eſt ſaiſi, chemin faiſant, de tous les objets qui ſe ſont offerts à lui. Trop ſoigneux peut-être d'éviter, dans ſa doctrine, toute reſſemblance avec celle des économiſtes français, il s'eſt propoſé de déduire l'accroiſſement de la richeſſe des nations de deux cauſes ſeulement, qui ſont, 1°. le perfectionnement des facultés du travail; 2°. l'accumulation des capitaux; et il a voulu aſſeoir le plan de tout l'ouvrage ſur cette diviſion, dont les deux branches forment le titre de ſes deux premiers livres. Mais, dès le début, il s'eſt vu entraîner par la fécondité de ſon ſujet hors des limites qu'il s'était tracées, et preſque tout ſon premier livre traite des *échanges*, *des monnaies*, *du prix des choſes*, *des parties conſtituantes de ce prix*, *de ſes variations réelles ou apparentes*, &c. toutes matieres qui peuvent être, juſqu'à un certain point, regardées comme des conſéquences du perfectionnement du travail, mais qui ne ſont pas liées à cette cauſe d'une maniere aſſez évidente et aſſez immédiate, pour en être déduites, comme d'un principe.

La plupart des morceaux intéreſſans de ſon ouvrage s'y trouvent jetés, comme au haſard, et placés ſous des titres qui ſemblent leur être tout-à-fait étrangers. Une digreſſion hiſtorique ſur les variations qu'a ſubies la valeur de l'or et de l'argent, pendant le cours des quatre derniers ſiécles, eſt contenue dans un chapitre ſur le *revenu de la propriété fonciere.* Une autre, ſur les banques de dépôt, coupe le cours d'une diſcuſſion ſur ce qu'on nomme *la balance du commerce.* Une diſſertation ſur l'utilité d'un droit modéré de ſeigneuriage ſur les monnaies, eſt amenée par l'examen du traité de commerce entre le Portugal et l'Angleterre. Enfin, c'eſt au chapitre *des gratifications* qu'il faut aller chercher les principes de la légiſlation du commerce des grains. Rien n'eſt ſans doute plus lumineux ni plus inſtructif que cet ouvrage, ſi juſtement célebre; mais ceux qui commencent l'étude de l'économie politique courent le riſque de ne recueillir de cette lecture que des idées confuſes et embarraſſées, ſi une main plus exercée ne leur aide à raſſembler les vérités que l'auteur a disperſées ſur ſa route, à les ordonner et à les rattacher les unes aux autres, ſuivant les regles de l'analyſe.

On ne ſera donc pas ſurpris que j'aie ſuivi un tout autre plan que celui de Smith, mais peut-être me pardonnera-t-on moins facilement de m'être écarté, ſur pluſieurs points importans, de la doctrine de cet auteur, et d'avoir contredit quelques-uns de ſes principes fondamentaux. Ma juſtification, à cet égard, exigerait des diſcuſſions que la forme de cet *Abrégé* ne ſaurait comporter. On voit que je n'ai preſque fait autre choſe que de mettre, à la ſuite les uns des autres, une ſérie de textes dont chacun demanderait d'être développé avec beaucoup d'étendue. Toute autre forme entraînerait pluſieurs volumes; encore, de quelque maniere qu'un pareil ouvrage fût traité, je ne ſais s'il pourrait jamais ſuppléer, dans cette ſcience, à la néceſſité de l'enſeignement verbal qui a l'avantage de ſuivre pas-à-pas les progrès du diſciple, de ſe régler ſur ſa marche, et de tâter, l'une après l'autre, les routes de ſon intelligence.

Outre les difficultés communes à toutes les ſciences abſtraites, l'étude de l'économie politique offre encore des écueils qui lui ſont particuliers. Les matieres que cette ſcience embraſſe ſont familieres à tout le monde; il n'y a perſonne qui ne s'en ſoit occupé plus ou moins; elles touchent de toutes parts à notre fortune, c'eſt-à-dire, à l'objet qui appelle le plus univerſellement l'attention des hommes et excite le plus conſtamment leur intérêt ; elles ſe préſentent à nous dans tous les inſtans, et tiennent aux affaires les plus communes de la vie. Ainſi dans cette ſcience, chaque membre de la ſociété eſt obſervateur ; et dès le moment où il commence à avoir avec ſes ſemblables des relations intéreſſées, il adopte, ſans s'en douter, une théorie quelconque, qu'une pratique de tous les momens ne fait que fortifier de plus en plus dans ſon eſprit.

Mais cette théorie, qui eſt le réſultat de l'obſervation et des calculs de l'intérêt privé, eſt néceſſairement fauſſe, ſi on l'applique à l'intérêt général. C'eſt ſurtout ici qu'il faut ſe défendre avec ſoin de ce mode de raiſonner qui eſt ſi ordinaire, et qui compoſe toute la logique de la multitude, celui de conclure du particulier au général, et de juger de tout par l'analogie. L'économie politique eſt à cet égard, ſi j'oſe le dire, comme l'aſtronomie, où les obſervations les plus juſtes, les calculs les plus exacts ne donneraient que des réſultats trompeurs, ſi l'obſervateur rapportait ſes obſervations et ſes calculs à ſa poſition particuliere, au lieu de ſe placer, par abſtraction, au centre commun de tout le ſyſtême. Les principes qui peuvent ſervir de guide pour l'adminiſtration d'une fortune privée, et ceux ſur leſquels doit ſe diriger la fortune publique, non ſeulement diffèrent entr'eux, mais ſe trouvent ſouvent directement contraires. Ainſi, par exemple, dans les coffres d'un particulier, le numéraire eſt une vraie richeſſe, une partie intégrante des biens qu'il poſſede, et qu'il peut conſacrer à ſes jouiſſances; mais, ſous le rapport de l'économie publique, ce numéraire n'eſt autre choſe qu'un inſtrument d'échange, totalement diſtinct des richeſſes qu'il ſert à faire circuler. La fortune d'un individu ſe groſſit par l'épargne; la fortune publique, au contraire, reçoit ſon accroiſſement de l'augmentation des conſommations.

Cependant tout naturellement, et à moins d'une étude particuliere, les perſonnes appelées à l'adminiſtration des affaires nationales, ſeront portées à appliquer à l'exercice de leur fonction publique, des regles de conduite dont elles ſe ſont bien trouvées jusqu'alors dans leurs affaires privées, et qui portent d'ailleurs avec elles un caractere d'évidence ſi frappant, qu'on ne croit pas devoir prendre la peine de les soumettre à un nouvel examen.

Quand on réfléchit à cette grande influence que les notions populaires exercent sur l'administration de la richesse des Etats, à ces préjugés si opiniâtres qui restent enracinés dans cette partie du gouvernement, à cette assurance imperturbable avec laquelle tant d'hommes publics, dans tous les pays, prônent encore de vieilles erreurs proscrites depuis long-tems par la philosophie, à cette confiance intrépide avec laquelle ils entraînent la fortune nationale dans des précipices déjà fameux par plusieurs catastrophes, on se convainc de plus en plus de la nécessité indispensable pour tous les peuples qui jouissent d'un gouvernement libre, de faire de l'éonomie politique une partie essentielle de l'éducation de la jeunesse.

J'ai dessiné grossiérement la charpente d'un édifice qui est encore à construire, malgré la richesse et l'abondance des matériaux que nous possédons ; si je pouvais inspirer à quelque main plus habile le dessein de les disposer et de les mettre en place, j'aurais réussi au-delà de mes espérances.

ABREGÉ

ABRÉGÉ
DES
PRINCIPES ÉLÉMENTAIRES
DE L'ÉCONOMIE POLITIQUE.

INTRODUCTION.

L'*ÉCONOMIE POLITIQUE* dans le ſens le plus étendu de ce mot, eſt une ſcience qui a pour objet de conſidérer les lois de l'organiſation des ſociétés humaines, et de rechercher les moyens qui peuvent rendre ces ſociétés heureuſes et puiſſantes.

Pour qu'une ſociété parvienne au degré de bonheur et de puiſſance dont elle eſt ſuſceptible, il faut :

1°. Que le *pouvoir* y ſoit ſagement diſtribué.

2°. Que l'abondance des *richesses* et leur distribution soient telles que la plus nombreuse population possible, (relativement à la nature et à l'étendue du territoire), y subsiste avec aisance.

Les lois relatives à la formation et distribution du *pouvoir*, et celles relatives à la formation et distribution des *richesses*, divisent l'économie politique en deux branches.

La premiere se nomme simplement : *politique* ou *science sociale*.

La seconde est particuliérement désignée sous le nom d'*économie politique*.

C'est seulement de cette seconde branche de l'*économie politique* que nous nous proposons de nous occuper. Tout ce que nous avons à dire sur la premiere, c'est qu'une société où regne une ſage diſtribution du *pouvoir* étant celle qui jouit de plus de liberté, celle où toutes les facultés phyſiques et intellectuelles ſont plus à portée de s'étendre et de ſe développer, où les droits de chacun ſont plus reſpectés et mieux protégés, cette ſociété ſera néceſſairement par-là dans la ſituation la plus favorable au progrès de ſon induſtrie et à l'accroiſſement de ſes *richeſſes*.

Le premier objet à conſidérer dans l'*économie politique*; ce ſont les lois ou principes d'après leſquels les richeſſes ſe forment dans une ſociété en général, et ſe diſtribuent entre les différens membres qui la compoſent.

Le ſecond, ce ſont les ſignes d'après leſquels on peut juger de l'étendue de la richeſſe nationale, de ſon progrès ou de ſon déclin.

Enfin, le troisieme est l'application des deux premiers; il consiste à examiner quelle peut être l'action du gouvernement sur la richesse nationale, et quel système d'économie politique il lui convient d'adopter.

Ces trois objets divisent cet abrégé en trois parties.

PREMIERE PARTIE.

De la formation des Richeſſes et de leur diſtribution.

CHAPITRE PREMIER.

De ce qu'on déſigne ſous le nom de Richeſſes.

TOUTES les choſes matérielles dont l'homme peut faire uſage pour ſatisfaire un beſoin ou une jouiſſance de ſenſualité, de fantaiſie ou de vanité, ſont compriſes ſous le nom de *richeſſes*.

La liſte immenſe des êtres que l'homme a appropriés à ſes beſoins ou à ſes goûts eſt ſans bornes, et on peut y ajouter tous les jours. Ainſi, par exemple, au moment où on a découvert dans le tabac la propriété de procurer une ſenſation, cette plante, inutile juſqu'alors, a paſſé dans la claſſe des *richeſſes*.

L'homme ne peut faire uſage de ces choſes qu'en détruiſant ou en uſant en elles la propriété qui en a fait des richeſſes. C'eſt ce qu'on nomme *conſommation*.

Ainſi les richeſſes ſe déſignent auſſi ſous le nom de *choſes conſommables*.

Il y a des choſes qui ſervent immédiatement aux beſoins et aux jouiſſances de la vie; d'autres qui n'y ſervent que d'une maniere médiate et indirecte, en facilitant ſeulement les moyens de ſe procurer les premieres. Tels ſont les inſtrumens de métier ou de commerce, tant morts que vivans; c'eſt-à-dire, les outils et machines, l'argent de la circulation, les chevaux de labour et de charroi, &c. Quoique ces dernieres ne ſoient pas moins ſujettes que les autres à s'uſer et à ſe détruire, cependant comme elles ne ſont pas directement applicables à nos beſoins ou à nos jouiſſances, ce ſont les premieres ſeulement qu'on diſtingue par le nom de *choſes conſommables*.

Le nom générique de *richeſſes* s'applique néanmoins aux unes et aux autres, quand il eſt pris dans ſon acception la plus étendue.

Il y a des *choſes conſommables* qui ſont détruites à l'inſtant même où elles ſont miſes en uſage; telles ſont toutes celles qui ſervent à la nourriture : d'autres, dont la conſommation eſt plus ou moins lente; telles ſont celles employées pour le vêtement, la parure, le logement et plusieurs autres commodités de la vie. Un habit ne se consomme qu'en quelques années ; une maison dure quelquefois plus d'un siécle ; de la vaisselle d'or et d'argent, des diamans sont encore d'une consommation plus lente.

CHAPITRE II.

De l'Origine des Richesses.

La *source* de toutes les richesses, c'est la *terre*, en comprenant sous ce nom les eaux qui la couvrent.

Tout ce qui sert à nourrir l'homme ou les animaux dont il se nourrit, tout ce qu'il emploie à se vêtir, se parer, se loger, et généralement tout ce qu'il fait servir directement ou indirectement à ses besoins et à ses jouissances est recueilli à la surface ou puisé dans les entrailles de la terre.

On doit donc la considérer comme la *source* primitive et inépuisable de tout ce qui est susceptible d'être approprié à la consommation. On peut aussi la considérer comme le premier et le plus puissant de tous les instrumens de travail. Ces diverses manieres d'envifager les propriétés de la terre, ont donné naiffance à des fyftêmes différens, qui néanmoins conduifent en définitif au même réfultat.

Le *moyen* par lequel l'homme puife à cette fource, pour fournir à fes confommations, c'eft *le travail.*

Ainfi deux circonftances premieres conftituent le degré de richeffe d'une nation.

1°. L'abondance de la *fource*, c'eft-à-dire, l'étendue et la fertilité naturelle du territoire.

2°. La puiffance du *moyen*, c'eft à-dire, la *quantité* et la *qualité* du travail.

La premiere de ces deux circonftances eft au-deffus du pouvoir de l'homme. La feconde dépend prefque entiérement de l'activité et de l'intelligence de ceux qui compofent la nation.

CHAPITRE III.

De la Terre.

On peut diviſer la *terre* en terre *reproductive* et en terre *non reproductive.*

La terre *reproductive* eſt celle qui à l'aide du tems, et le plus ſouvent annuellement, peut reproduire ce qu'on en a ſéparé. Telle eſt la terre qui fournit la nourriture à l'homme et aux animaux utiles à l'homme.

La terre *non reproductive* eſt celle qui ne reproduit pas, au moins d'une maniere qui ſoit ſenſible pour nous, ce qu'on en a retiré. Telle eſt celle qui donne les carrieres et les mines.

La terre *reproductive*, cultivée, ou non cultivée, fournit aux beſoins des hommes. La terre *non reproductive* n'eſt d'aucune utilité, ſi elle n'eſt exploitée.

La culture a deux effets ſur la terre reproductive ; 1°. celui de ſubſtituer des végétaux utiles à la place de ceux que la nature produit indifféremment ; 2°. celui d'ajouter à la fécondité naturelle de la terre.

ARTICLE PREMIER.

Des Propriétaires de la terre.

Les hommes qui habitent une terre, ou bien la poſſedent tous en commun, ou reconnaiſſent parmi eux des *propriétaires* qui la poſſedent par portions diſtinctes.

Dans le premier cas, la terre reſte inculte et les hommes ne jouiſſent que de ce qu'elle produit ſpontanément. S'il exiſte quelque coin de la terre où les habitans cultivent en commun, pour ſe partager les fruits, c'eſt un régime contraire aux inclinations naturelles de l'homme, et qui ne peut ſe maintenir qu'à la faveur de circonſtances extraordinaires.

Les peuples chez leſquels on ne reconnaît pas de *propriété fonciere*, vivent du produit de la chaſſe ou de la pêche, et ſont déſignés ſous le nom de *peuples chaſſeurs;* ou bien, ils vivent de la chair et du lait de troupeaux qu'ils conduiſent avec eux, et ſont déſignés ſous le nom de *peuples paſteurs*. La plupart des ſauvages de l'Amérique ſont des *peuples chaſſeurs*. Les Tartares et les Arabes ſont les principaux *peuples paſteurs*.

Ces deux états ſont conſidérés comme les premiers dégrés pour arriver à la *civiliſation* vers laquelle paraît tendre naturellement l'espece humaine. Ce sont les descendans des Tartares et des Arabes qui gouvernent aujourd'hui la plupart des empires de l'Europe, de l'Asie et de l'Afrique, que leurs peres pasteurs ont conquis sur les descendans des Romains, qui eux-mêmes avaient commencé par la vie pastorale. La culture et la civilisation reculent de plus en plus leurs limites sur le Globe, et resserrent journellement le nombre des peuples chasseurs et des peuples pasteurs.

Dans les sociétés civilisées, la terre est partagée en propriétés particulieres.

Quelle qu'ait pu être la cause originaire de ce partage, il est indispensablement nécessaire pour l'existence de ces sociétés, qu'il soit maintenu ; car, ſans la certitude de recueillir paiſiblement les fruits de la culture, perſonne ne prendrait la peine de cultiver la terre.

Dans quelque état que ſoit la ſociété, il n'y a que les perſonnes qui recueillent les richeſſes en premiere main qui ſoient naturellement indépendantes ; toutes les autres dépendent de celles-là pour leur ſubſiſtance.

Chez les peuples *chaſſeurs*, tout chaſſeur eſt libre et indépendant ; ſa richeſſe conſiſte dans le nombre d'animaux qu'il tue ; il y trouve ſa nourriture et ſon vêtement ; le chaſſeur le plus fort et le plus adroit eſt le plus riche.

Chez les peuples *paſteurs*, ceux qui ne poſſedent pas de troupeaux ſont dans la dépendance abſolue de ceux qui en poſſedent.

Chez les peuples *agriculteurs et civiliſés*, toute la nation eſt auſſi dans la dépendance des propriétaires pour ſa ſubſiſtance ; mais cette dépendance eſt à peine ſenſible, à cauſe 1° de la force des inſtitutions publiques qui aſſujetit le droit de propriété ; 2°. de la multitude de beſoins artificiels qui ſubjuguent les propriétaires ; 3°. enfin, de la complication des rapports réciproques qui lient les individus les uns aux autres.

Il n'en eſt pas moins vrai que les propriétaires y ſont, comme ailleurs, les ſeuls diſtributeurs des richeſſes, et que c'eſt de leur main que tous les autres habitans et même les premieres perſonnes de l'Etat reçoivent leur ſubſiſtance.

Si

Si le propriétaire ne cultive pas lui-même ſa terre, il faut, ou qu'il force des eſclaves à la cultiver pour lui, ou qu'il obtienne par accommodement le travail des hommes libres ; dans l'un comme dans l'autre cas, il faut qu'il nourriſſe et entretienne ces ouvriers ; le ſurplus des fruits de la terre eſt à ſa libre diſpoſition.

S'il ne fait pas préparer ces fruits pour ſa conſommation ou ſon uſage, par ſa propre famille ; ſi ſa commodité, ſa tranquillité exigent un travail quelconque qu'il ne veut ou ne peut faire lui-même, il faut également qu'il nourriſſe et entretienne avec une portion de ces mêmes fruits, les perſonnes qui lui rendent tous ces ſervices.

Si quelqu'une de ces perſonnes

a assez d'habileté ou de talent pour gagner plusieurs portions à elle seule, alors elle sera comme le propriétaire lui-même, et distribuera les portions qui excéderont sa propre subsistance, à d'autres personnes dont elle retirera quelque service en échange.

Ainsi toute personne qui aura annuellement à sa disposition, (n'importe à quel titre,) plusieurs portions de subsistance, sera réputée, dans l'opinion générale, avoir autant de puissance que le propriétaire sur le travail d'autrui; et si cette personne est revêtue d'un pouvoir public capable de contraindre les propriétaires, en cas de refus, à lui livrer ces portions de subsistance; elle sera, par le fait, hors de la dépendance des propriétaires, et les tiendra au contraire dans la sienne.

Ainsi, dans la plupart des sociétés modernes, le clergé, la magistrature, les chefs militaires et tous ceux qui disposent, par l'opinion ou autrement, de la force publique, tiennent le simple propriétaire dans leur dépendance, et ne laissent à celui-ci que la portion de richesses qu'ils ne jugent pas devoir s'attribuer à eux-mêmes.

Dans l'institution originaire de ces professions, sans doute les propriétaires n'ont pas entendu faire autre chose que payer un service, mais ce service était de nature à asservir nécessairement ceux même qui le payaient.

ARTICLE II.

Des rapports entre la Population et la Culture.

Il y a un rapport néceſſaire entre le dégré de population d'un pays, et entre le genre d'emploi auquel la fécondité de la terre y eſt conſacrée.

Si les fruits de la terre y ſervent à nourrir ſeulement des animaux ſauvages, comme chez les peuples chaſſeurs, la population tendra à s'y maintenir toujours au nombre d'individus auxquels les haſards de la chaſſe pourront fournir de la nourriture.

Si ces fruits ſont employés à nourrir des animaux domeſtiques, comme chez les peuples paſteurs, alors la population s'élevera en raiſon du nombre d'animaux que la terre inculte pourra entretenir, et du progrès de leur multiplication annuelle.

Si la terre est cultivée, la population tendra à s'élever et à se maintenir au nombre d'individus auxquels la terre, dans l'état actuel de sa culture, pourra fournir, année commune, une subsistance convenable.

Ainsi un pays cultivé sera plus ou moins peuplé, selon que les propriétaires dirigeront plus ou moins la culture vers les végétaux propres à nourrir l'homme ou les animaux sur la chair desquels il se nourrit.

Si les propriétaires sont des guerriers, et que leur intérêt ou leur passion dominante les porte à s'environner d'un nombreux cortege et à multiplier le plus possible les hommes vivant sous leur dépendance, alors il est vraisemblable que tous leurs ſoins ſe dirigeront vers la production des ſubſiſtances. Tel eſt en général l'état des peuples cultivateurs dans leur enfance ; tel était celui des peuples de l'antiquité où l'eſclavage était admis, et celui de l'Europe ſous le régime féodal.

Si les propriétaires ſont oiſifs et voluptueux, s'ils aiment à élever des chevaux pour leur amuſement et leur commodité, s'ils veulent conſommer des mets et des vins étrangers ou d'autres denrées venues de loin, alors toute la terre employée à nourrir les chevaux et les animaux de tranſport qu'exigent ces diverſes fantaiſies, ſera autant de retranché ſur ce qu'on aurait pu conſacrer à nourrir des hommes.

La terre cultivée eſt ſujette à de grandes variations dans la quantité annuelle de ſon produit, à cauſe de l'influence des ſaiſons. Naturellement les variations *en trop peu* enrichiront les cultivateurs, parce que la ſubſiſtance ſera plus chérement payée ; et les variations *en trop* les appauvriront, parce qu'une partie de leur récolte ne trouvera pas de conſommateurs ; donc ils chercheront à éviter celles-ci, et dès-lors la population ſera au-deſſous de celle que la terre aurait pû entretenir ſans cette circonſtance.

Pour que les variations *en trop* ne ſoient pas redoutées des cultivateurs, il eſt donc à deſirer qu'ils aient en tout tems la certitude de ſe défaire de l'excédent de la ſubſiſtance annuelle du pays, quand une ſaiſon plus favorable qu'à l'ordinaire, donnera cet excédent. Tout ſyſtême de lois ſur *la police des grains*, ſera vicieux s'il s'écarte de ce principe.

Toutes chofes égales quant à l'étendue et à la fertilité du territoire, et quant à la culture, la population fera en raifon de la nature particuliere de la production qui fervira généralement à la nourriture du peuple. Ainfi, toutes chofes égales d'ailleurs, un pays où le peuple fe nourrira de riz ou de pommes de terre, fera plus peuplé qu'un pays où il fe nourrit de bled, parce que cette derniere production fournit beaucoup moins de nourriture, à proportion du terrein qu'elle occupe.

Par la même raifon, un peuple qui fait fa boiffon ordinaire de biere, emploie une grande partie de fon territoire pour obtenir une jouiffance qu'un pays à vignes fournit dans un efpace de terre beaucoup moindre; dès-lors il refte, dans le dernier de

ces

ces pays, une plus grande partie de terre pour pourvoir à la nourriture et entretenir la population.

Article III.

De la Rente du propriétaire, ou prix de Fermage.

Le plus ſouvent le propriétaire de la terre *réproductive* ou *non réproductive* vend à forfait à un entrepreneur la faculté de cultiver ou d'exploiter la terre, pendant un nombre d'années déterminé, moyennant une rétribution annuelle qu'on nomme *rente* ou *prix de fermage.*

Cette rétribution eſt la repréſentation de la portion de fruits qui, année commune, ſerait demeurée au propriétaire, après le prélevement de tous les frais et avances de la culture ou de l'exploitation.

Elle ſera ſtipulée plus ou moins forte, ſelon que le produit de la terre ſera plus ou moins demandé, et ſelon que les demandeurs de ce produit auront plus ou moins d'équivalens à offrir en échange.

Elle pourra même être nulle, c'eſt-à-dire que le propriétaire ne pourra trouver d'entrepreneur qui conſente à la lui payer, ſi les demandes du produit ne ſont qu'au point où il les faut pour défrayer le travail et les avances qu'exige ce produit.

La terre reproductive n'eſt jamais dans ce dernier cas; car ſon produit étant un moyen de ſubſiſtance, et la population ſe mettant toujours au niveau des moyens de ſubſiſtance, il eſt toujours aſſez en demande pour fournir au-delà de ce que peut coûter le travail qui l'a donné.

Quand même la terre réproductive ſerait cultivée pour tout autre genre de produit que la ſubſiſtance, le cas ſerait encore le même; car le propriétaire ne conſentira pas à abandonner ſa terre à ce genre de produit, à moins d'être indemniſé par une *rente* égale à ce que lui eût rendu ſa terre ſi elle eût été cultivée pour produire de la ſubſiſtance; et ſi ce genre de produit n'était pas au moins autant demandé que la ſubſiſtance, il eſt probable que la terre ne ſe trouverait pas employée à le produire.

La *rente* du propriétaire differe eſſentiellement des rétributions qu'on paie à l'ouvrier pour ſon travail, ou à l'entrepreneur pour le profit des avances par lui faites, en ce que ces deux derniers genres de rétribution ſont l'indemnité, l'un d'une peine qu'on a priſe, l'autre d'une privation et d'un riſque auquel on s'eſt ſoumis ; au lieu que la *rente* eſt reçue par le propriétaire gratuitement et en vertu ſeulement d'une fiction de la loi qui reconnaît et maintient en certains individus le droit de propriété.

Donc, les retranchemens qu'on ferait au propriétaire d'une portion de ſa *rente*, pour payer quelque ſervice public, n'entraîneraient par eux-mêmes aucune diminution dans la culture, le propriétaire ayant toujours intérêt de faire cultiver ſa terre le mieux poſſible, quelque faible que ſoit ſa part dans le produit.

Plus la ſociété augmente en population et en richeſſe, plus les produits de la terre ſont demandés, et les équivalens à offrir en échange ſont nombreux ; plus par conſéquent la *rente* du propriétaire augmente et en quantité et en valeur.

CHAPITRE IV.

Du Travail.

L'EFFET du travail, ou ſa puiſſance, eſt en raiſon de ſa *quantité* et de ſa *qualité*.

La *quantité* du travail annuel d'une nation, c'eſt le nombre de bras employés annuellement d'une maniere utile, comparé au nombre total des conſommateurs.

La *qualité* du travail, c'eſt l'intelligence et la dextérité avec leſquelles on l'applique.

ARTICLE PREMIER.

Du Salaire du travail.

Le travail eſt une peine ; et pour vaincre la répugnance naturelle de l'homme pour cette peine, il faut un aiguillon. Cet aiguillon, c'eſt le fruit ou réſultat du travail.

Si le travail eſt une peine, la conſommation eſt une jouiſſance. C'eſt dans celle-ci qu'il faut toujours chercher la récompenſe du travail. Ainſi, ſi le travailleur et le conſommateur ne ſont qu'une même perſonne, elle ſe paie elle-même, en conſommant le fruit de ſon travail. Si ce ſont deux perſonnes différentes, il faut que le conſommateur paye au travailleur un équivalent, c'eſt à dire, qu'il lui fourniſſe un moyen de jouiſſance capable de l'indemniſer de ſa peine. C'eſt cet équivalent qui ſe nomme *ſalaire*.

Plus il y aura de ſalaires à diſtribuer, plus il y aura de travailleurs, et dès lors plus ſera grande la maſſe de travail en activité dans la nation.

Mais tout ſalaire ſuppoſe un conſommateur qui le fournit ; donc, plus ſera grande la ſomme annuelle des conſommations, plus le ſera auſſi la maſſe du travail annuel.

Donc tout ce qui entrave ou décourage les conſommations, tend néceſſairement à diminuer la *quantité* du travail.

Le ſalaire, en général, ſera plus ou moins fort, ſelon que le travail ſera plus ou moins demandé ; parce que, dans un cas, les conſommateurs ſe diſputeront le travail, et enchériront les uns ſur les autres pour en avoir le produit ; dans l'autre, les travailleurs ſe diſputeront l'ouvrage, et s'offriront au rabais.

Le ſalaire d'un genre particulier

de travail ſera plus ou moins fort, ſelon que le produit de ce genre de travail ſera plus ou moins demandé : de-là le haut ſalaire des artiſtes dans les pays aſſez riches pour qu'il y ait beaucoup de conſommateurs de ce genre d'induſtrie.

Les hommes ſe multipliant en raiſon des moyens de ſubſiſtance, et le nombre des ouvriers ſe multipliant à meſure des demandes qu'on fait de travail, il en réſulte que le ſalaire tend toujours à ſe réduire au taux de la ſimple ſubſiſtance de l'ouvrier.

Le ſalaire peut ſe meſurer de deux manieres ; ou ſur la durée du travail, ou ſur ſon produit. Dans le premier cas, il eſt probable que le travailleur ne viſera qu'à diminuer ſa peine, car il n'a pas d'autre intérêt ; dans le ſecond cas, tous ſes efforts doivent tendre à augmenter le produit du travail.

Le produit du même genre de travail, dans un tems donné, s'augmente 1° par un accroiſſement de dextérité et de préciſion dans les mouvemens de l'ouvrier ; 2° par l'invention d'outils et machines propres à faciliter et abréger ce travail.

Ces deux genres d'amélioration dans la *qualité* du travail, ou dans ſes *facultés productives*, naiſſent en grande partie de la *diviſion* du travail, c'eſt à-dire, de la ſéparation d'un même ouvrage en pluſieurs tâches différentes, diſtribuées à autant d'ouvriers différens.

Cet effort pour multiplier le produit du travail n'étant cauſé que par l'eſpérance de recueillir un plus fort ſalaire, et la ſource de tout ſalaire étant dans la conſommation, il eſt borné nécessairement par la quantité possible des consommations, ou, en autres termes, par *l'étendue du marché.*

Donc tout ce qui tend à aggrandir la sphere des consommations, tend nécessairement à accroître l'activité et l'industrie du travail, c'est-à-dire, à en perfectionner la *qualité.*

Article II.

Des entrepreneurs de travail.

Il est rare que le consommateur emploie directement l'ouvrier. Il est également rare que celui-ci possede par devers lui de quoi se nourrir pendant qu'il travaille, et de quoi se fournir de matériaux et d'instrumens. D'ailleurs cette avance, quelle que soit la main qui la fasse, est un service distinct du travail, et qui veut une indemnité particuliere.

Celui qui rend ce ſervice, ſe ſoumet à une privation, puiſqu'il fait conſommer à d'autres des choſes conſommables qu'il poſſede. Il s'expoſe de plus aux haſards des événemens. Donc ce ſera ſur l'étendue de cette privation et de ces riſques que l'indemnité ſe meſurera ; ou, en autres termes, cette indemnité ſera en raiſon de la ſomme des avances et de la grandeur des riſques.

Les entrepreneurs d'ouvrages, ce ſont les fermiers, les manufacturiers, les maîtres artiſans, &c., et tous ceux qui ſont travailler ſous eux des ouvriers pour en retirer un profit.

L'avance qu'ils font ſe nomme *capital* ; l'indemnité qu'ils en retirent ſe nomme *profit*.

Si cette avance conſiſte en choſes

qui rendent un profit ſans ſortir des mains de l'entrepreneur d'ouvrage, telles que des outils, machines, moulins, uſines, ateliers, &c, le capital ſe nomme capital *fixe*.

La portion de ces avances au contraire, qui conſiſte en choſes qui ne peuvent rendre de profit qu'en ſortant des mains de l'entrepreneur d'ouvrage, telles que la nourriture de ſes ouvriers et les matériaux de leur travail, ſe nomme *capital circulant*.

Il y a des entrepreneurs de leur propre ouvrage; ſoit parce que le prix de leur travail étant fondé principalement ſur le talent particulier de la perſonne qui l'exerce, ou ſur la confiance qu'elle mérite, ce travail n'eſt pas de nature à pouvoir être cédé à un entrepreneur; ſoit parce que leur travail n'exigeant aucunes avances, ils n'ont nul intérêt qui les porte à en partager les fruits avec d'autres personnes. Tels sont en général ceux qui exercent les professions qu'on nomme *libérales*, les médecins, les avocats, les artistes, &c. Tels sont aussi ceux qui exercent les métiers de la plus basse classe, comme les porte-faix, les mendians, &c.

Plus les capitaux seront demandés, plus le *profit* sera fort. Moins il y aura d'emplois à faire relativement à la masse des capitaux, plus le *profit* sera faible.

Plus la société s'enrichit, plus les capitaux s'y multiplient au-delà de ce que les emplois connus et en activité peuvent en absorber. Donc, plus la société s'enrichit, plus le taux du *profit* y diminue.

ARTICLE III.

Des diverſes ſortes de Travail.

On peut diviſer le travail en deux claſſes différentes.

1°. Le travail dont le produit paſſe au conſommateur ſans aucun intermédiaire.

2°. Le travail dont le produit n'arrive au conſommateur qu'après avoir paſſé par une ou pluſieurs mains intermédiaires.

Dans la premiere claſſe eſt le travail de tous ceux qui ne produiſent rien de ſenſible ou de permanent qui ſoit ſuſceptible d'être tranſmis ou échangé. Tel eſt le travail des domeſtiques attachés à la perſonne, celui des muſiciens, des comédiens, des médecins, des avocats, &c. Le travail des perſonnes qui gouvernent l'Etat ou qui le défendent, eſt de la même claſſe.

La ſeconde claſſe comprend tous les autres genres de travail qui s'exercent ſur des objets ſenſibles, plus ou moins durables, et dès-lors ſuſceptibles d'être la matiere d'un échange. Tel eſt le travail des laboureurs, artiſans, manufacturiers, peintres, architectes, &c.

On ne doit pas pour cela conſidérer l'une de ces claſſes de travail, comme *productive*, et l'autre comme *non productive*; (1) car l'une et l'autre produit également une jouiſſance ou une commodité au conſommateur, et c'eſt là tout ce que le travail ſe propoſe.

Le ſeul point qui différencie ces deux genres de travail, c'eſt que le premier eſt anéanti à l'inſtant même où il eſt produit, tandis que l'autre

(1) Smith, *liv. II*, *chap. III.*

parcourt ſouvent une longue carriere de métamorphoſes et de déplacemens avant d'arriver au conſommateur, dans les mains duquel il doit périr.

Ainſi, pour ſuivre les procédés du travail depuis le moment où la richeſſe ſe forme juſqu'à celui où elle s'anéantit, on ne peut conſidérer que le travail de la ſeconde claſſe.

Article IV.

Des différentes applications du Travail de la ſeconde claſſe.

Tous les divers genres de travail de cette claſſe peuvent être rangés ſous trois grandes diviſions.

1°. Le travail employé à produire les choſes deſtinées à la conſommation.

2°. Le travail employé à les préparer et les façonner pour les approprier à la conſommation.

3°. Le

3°. Le travail employé à les transporter et à les échanger pour les rapprocher des consommateurs et les livrer à la consommation.

SECTION PREMIERE.

Du travail employé à produire les choses destinées à la consommation.

Le travail employé à produire les choses destinées à la consommation, s'applique immédiatement à la terre.

Ce travail, si on en excepte la portion très-petite qui va aux pêcheries, aux mines et aux carrieres, constitue ce qu'on appelle *l'industrie des campagnes.*

Des calculs qui ne paraissent pas s'écarter beaucoup de la vérité, établissent que dans l'état actuel de l'agriculture en Europe, et dans les terres d'une fertilité moyenne, le travail annuel d'une famille de cultivateurs fournit à la subsistance de deux familles, c'est-à-dire, qu'elle produit le double de sa subsistance. D'après ce calcul, la population des cultivateurs et ouvriers des travaux champêtres, dans un pays qui, année commune, n'exporte ni n'importe de subsistances que dans des quantités qui se balancent mutuellement, serait la moitié de la population totale de la nation.

Ce travail est moins susceptible que tout autre d'acquérir du côté de la *qualité*. Obligé de suivre les procédés de la nature et de régler sa marche sur celle des saisons, son allure est nécessairement lente et incertaine. Aussi la division des tâches, ou parties du même travail, la dextérité et promptitude de la main, l'invention et perfectionnement des machines sont autant d'améliorations moins praticables, moins avantageuses et moins fréquentes dans ce genre de travail que dans les autres.

Il est le moins lucratif pour les individus, parce qu'il emploie des bras qui ne pourraient gueres trouver d'autre ouvrage, ceux des femmes et des enfans. Il offre peu de chances aux spéculations, parce que ses produits sont volumineux et d'un transport coûteux et difficile ; aussi est-il bien rare qu'on y consacre d'autres capitaux que ceux qu'exige son entretien, et qu'il fasse jamais, dans ses progrès, de ces pas larges et rapides qui sont l'effet des succès des entreprises nouvelles.

Ce travail est néanmoins le plus utile à la société ; son résultat est toujours de multiplier les véritables richeſſes et de fournir à la ſociété de nouveaux moyens pour nourrir, vêtir et loger ſes membres. Plus ſera grande la maſſe de ce genre de travail relativement aux deux autres, plus il y aura d'abondance dans les matieres qui ſervent à nourrir, vêtir et loger, plus il y aura par conſéquent d'individus à portée de ſe les procurer. En ſuppoſant la ſomme totale du travail toujours la même, à meſure que ce genre de travail gagnera ſur les autres, les matieres qui ſervent à la nourriture, au vêtement, &c. ſeront ou moins façonnées, ou moins tranſportées, ou moins ſouvent échangées; mais elles ſeront plus abondantes, et dès-lors il y aura plus d'aiſance dans la maſſe du peuple.

SECTION II.

Du travail employé à façonner et préparer les richesses pour les approprier à la consommation.

Ce travail s'exerce sur les productions détachées de la terre qui les a produites.

Il se nomme *travail des manufactures*, et comprend, sous ce nom générique, celui des artistes comme celui des artisans.

Les productions de la terre, une fois détachées du sol et livrées au travail des manufactures, se nomment *brutes*, pour les distinguer de l'état où elles sont après la main-d'œuvre.

On les nomme aussi *matieres premieres* de manufacture. Mais ce dernier nom est relatif à la manufacture particuliere dont on veut parler, et on le donne même à des matieres manufacturées quand on les considere sous le rapport des autres degrés de main-d'œuvre qu'elles ont encore à subir. Ainsi le chanvre, le lin ou la laine filés sont *matieres premieres* dans les manufactures de toiles et de draps.

Le travail, si on en excepte celui qui exige une habileté particuliere et à laquelle il n'y a que peu d'hommes qui puissent atteindre, tend à se répandre uniformément dans tous les divers genres d'emplois, c'est-à-dire, que tous les hommes obligés à vivre de travail se répartissent indifféremment dans tous les métiers dans la proportion des demandes qui existent pour chacun de ces métiers, à moins que leur liberté ne soit gênée par des réglemens.

Les différens emplois ſont, en eux-mêmes, plus ou moins attrayans, plus ou moins repouſſans; mais ces différences ſont compenſées par l'inégalité des ſalaires qui rétablit l'équilibre.

Tout ce qui tend à gêner la libre circulation du travail, ou à détruire l'équilibre naturel entre les divers emplois de l'induſtrie, eſt un attentat à la premiere des propriétés, et une entrave au développement des facultés productives du travail. Rien en même tems n'eſt plus abſurde, car la ſeule direction que le travail ait à ſuivre, eſt celle des demandes, et celle-ci eſt réglée par les beſoins et les goûts, ſans ceſſe variables, des conſommateurs.

C'eſt le reproche qu'on peut faire aux réglemens qui incorporent les arts et métiers ; à ceux qui obligent à des apprentiſſages ou autres formalités ſemblables ; à ceux qui encouragent une profeſſion par préférence aux autres, &c.

Ce genre de travail eſt celui dont l'opulence peut le plus abuſer. Une main d'œuvre très-recherchée immole à la fantaiſie et à la vanité d'un ſeul individu, une immenſe quantité de travail qui, employée à produire, eût pu faire naître de quoi nourrir et vêtir peut être mille perſonnes pendant toute une année. Il ne faudrait pas en conclure, comme l'ont fait quelques écrivains (1), que le travail des manufactures et du commerce eſt nuiſible à la population d'un pays, et ne ſe maintient qu'aux dépens de l'agriculture. En theſe abſtraite et générale, on

(1) Wallace, *Numbers of Mankind.*

doit convenir que ſi tout le travail donné aux manufactures et au commerce était donné à la terre, il y aurait une réproduction de ſubſiſtance bien plus conſidérable, et par conſéquent une population plus nombreuſe. Mais auſſi, pour que les manufacturiers et agens du commerce ſe miſſent à produire des ſubſiſtances, il faudrait qu'il y eût demande d'hommes de la part des propriétaires, au lieu d'y avoir demande d'articles de manufacture et d'objets de commerce. Dans l'état actuel des mœurs de l'Europe, ſi les ouvriers des manufactures et du commerce quittaient leurs atteliers et leurs comptoirs pour ſe conſacrer aux travaux des campagnes, ces travaux, déjà aſſez chargés d'ouvriers, ne pourraient employer ni nourrir ces nouveaux venus; et d'un autre côté, les propriétaires n'ayant plus d'articles de manufactures et de commerce à consommer, se retourneraient peut-être vers les plaisirs de la chasse, le goût des parcs, &c.; et il y aurait encore bien moins de terre qu'auparavant, destinée aux subsistances, ce qui tendrait à affaiblir graduellement la population.

Ce travail est celui qui offre le plus vaste champ pour l'invention des machines propres à suppléer aux forces humaines, et à économiser le nombre des ouvriers.

L'introduction des machines qui abrégent et facilitent le travail, offre d'abord un désavantage apparent, celui de diminuer le nombre d'hommes que demandait le genre particulier de travail où la machine vient à être employée, et par-là d'ôter à une partie des membres de la ſociété les moyens de leur ſubſiſtance. C'eſt cette conſidération qui a fait rejeter long-tems en France l'introduction du métier à fabriquer les bas.

Mais il fallait obſerver :

1°. Que l'avantage que procure l'invention d'une machine eſt un avantage abſolu et permanent ; tandis que le déſavantage que l'on redoute n'eſt que relatif et momentané.

2°. Que le dommage ſouffert par un très-petit nombre des membres de la ſociété, eſt plus que compenſé par le bénéfice que retire la ſociété toute entiere de pouvoir conſommer la même choſe à moins de travail, c'eſt-à-dire, à meilleur marché.

3°. Que le meilleur marché de

la chofe opérant pour toutes les claffes de confommateurs une diminution de dépenfe fur cet article particulier, les met à même d'augmenter leur confommation fur d'autres articles, et par conféquent, d'aggrandir les autres fources de travail, ou d'en ouvrir de nouvelles.

4°. Que l'invention qu'on aura rejetée chez foi fera adoptée par une nation étrangere qui, en dépit de toutes vos prohibitions, trouvera le moyen de fournir le produit de cette nouvelle invention à vos confommateurs eux-mêmes, que le bon marché de la chofe ne manquera pas de féduire, ce qui opérera non-feulement tout le mal qu'on voulait éviter, mais d'autres maux encore plus grands.

SECTION III.

Du travail employé à transſporter et à échanger les richeſſes pour les rapprocher des conſommateurs, et les livrer à la conſommation.

Ce travail s'exerce indifféremment ſur les richeſſes qui ſont ou ne ſont pas manufacturées ; ſon objet eſt de rapprocher les objets de conſommation des mains qui doivent leur donner leur derniere préparation, et finalement, de les livrer aux conſommateurs.

Ce genre de travail met les diverſes richeſſes à portée d'un bien plus grand nombre de conſommateurs, et encourage par-là les deux premiers genres de travail.

Cet encouragement ſera d'autant

plus efficace, que tous les consommateurs se trouveront plus rapprochés du même niveau, c'est-à dire, que les consommateurs éloignés auront moins à payer au-dessus des consommateurs voisins. Delà les grands avantages que les routes, les canaux, &c. procurent à une nation. Delà le puissant encouragement donné à l'industrie en général par les progrès de la navigation. Delà enfin, la grande utilité de tous les moyens imaginés pour faciliter et multiplier les *échanges*. Mais ce dernier objet est trop étendu pour n'être pas traité séparément.

§. Ier.

Des Echanges, en général.

Les richesses, considérées dans le cercle qu'elles ont à parcourir avant d'arriver dans la main du conſommateur, ſe déſignent ordinairement ſous le nom de *marchandiſes*.

Ce qu'un homme fait, recueille ou poſſede, n'a ſouvent aucune relation, ſoit en nature, ſoit en quantité, avec ſes beſoins et ſa conſommation perſonnelle. C'eſt par le moyen des *échanges* que chaque choſe conſommable va chercher le beſoin ou la jouiſſance qu'elle eſt deſtinée à ſatisfaire.

Ainſi, au moyen des *échanges*, chacun eſt encouragé à faire, recueillir, acquérir ou accumuler ce qu'il n'entend pas conſommer, et chacun peut conſommer des choſes qu'il ne fait ni ne recueille.

Ce qui détermine la quantité de marchandiſe, que telle quantité d'une autre marchandiſe obtiendra en échange, c'eſt la *valeur* reſpective des deux termes de l'échange.

Le principe univerſel des valeurs *vénales* ou *échangeables*, c'eſt la *ſubſiſtance*; c'eſt là l'élément primitif dans lequel elles ſe réſolvent toutes en derniere analyſe. La valeur d'un objet quelconque, dans la main d'un pauvre, ſoit qu'il provienne de ſon travail, ſoit que le haſard l'ait mis en ſon pouvoir, c'eſt la quantité de ſubſiſtance que cette perſonne pourra ſe procurer avec pour ſa conſommation; et quand un riche achete le travail d'autrui, quelle que ſoit la choſe qu'il donne en paiement, celui qui vend ſon travail ne reçoit cette choſe qu'en vue de la ſubſiſtance qu'il compte ſe procurer avec. La multiplication des ſubſiſtances a créé ſucceſſivement toutes les autres valeurs; et ſi une marchandiſe quelconque, la plus vile comme la plus précieuſe, a une valeur échangeable, c'eſt parce qu'il y a des gens qui ont en leurs mains aſſez de ſubſiſtances, au-delà de leur conſommation, pour pouvoir payer le travail qui produit, façonne et apporte cette marchandiſe. Tout travail a dû être payé par de la ſubſiſtance, et c'eſt de là qu'il tient ſa valeur; mais la ſubſiſtance ne tient pas ſa valeur du travail, au moins néceſſairement; car ſi la terre donnait les ſubſiſtances ſpontanément et ſans aucune aide de travail, les propriétaires n'en ſeraient que plus riches, et les terres en auraient d'autant plus de valeur relativement à tous les autres genres de richeſſes, attendu que, toutes choſes égales d'ailleurs, la même quantité de ſubſiſtances acheterait toujours la même quantité de travail qu'auparavant.

On peut donc définir la valeur échangeable d'une chofe, la propriété qu'a cette chofe de procurer à fon poffeffeur une portion quelconque de fubfiftance.

Une marchandife a plus ou moins de *valeur*, fuivant que la quantité totale de cette marchandife qui exifte *au marché*, c'eft-à-dire, dans le commerce, répond plus ou moins à la quantité des demandes qu'on en fait.

Ainfi, quoique l'utilité réelle ou imaginaire d'une chofe foit toujours la premiere origine de fa valeur, cependant fa valeur n'eft pas en raifon de fon utilité. Un verre d'eau a infiniment plus d'utilité réelle qu'un diamant ; mais il a infiniment peu de valeur, parce que l'eau à boire exiſte en une quantité fort ſupérieure à toutes les demandes qu'on en peut faire; tandis que le diamant qui n'a qu'une utilité imaginaire, a une très-haute valeur, cauſée par la grande difficulté de ſe le procurer.

Néanmoins, dans certaines circonſtances, la choſe d'utilité réelle peut monter infiniment au-deſſus de ſa valeur ordinaire, ce qui n'arrivera jamais à l'autre. Une livre de pain peut, dans un moment de diſette, acquérir une valeur cent fois ſupérieure à ſa valeur ordinaire, propriété qui procede uniquement de ſon utilité réelle.

Evaluer une marchandiſe, c'eſt la comparer avec une autre; or, toute marchandiſe (et par conſéquent celle qu'on prendrait pour meſure, ou pour terme de comparaiſon, quelle qu'elle fût,) pouvant varier et variant même ordinairement de valeur avec le tems, on ne peut apprécier la valeur qu'avait une marchandiſe à une époque un peu éloignée, qu'en évaluant la quantité de ſubſiſtances qu'elle pouvait acheter communément à cette époque, ce qui donne néceſſairement ſon rapport avec toutes les autres marchandiſes.

Les marchandiſes qui ſont de nature à ſe multiplier à proportion de la demande que l'on en fait, ne peuvent monter à une valeur plus forte que celle qui ſuffit pour indemniſer tous ceux ſans le travail et le concours deſquels elles n'euſſent pas été produites et miſes en vente.

Excepté quelques circonſtances accidentelles et paſſageres, cette valeur eſt celle à laquelle ces ſortes de marchandiſes ſeront toujours ramenées par le cours naturel des choſes, attendu que, d'une part, la concurrence des conſommateurs fera toujours qu'elles atteindront à cette valeur, et que de l'autre la concurrence des producteurs empêchera qu'elles ne montent au-deſſus.

Ainſi, par l'effet naturel des deux concurrences oppoſées, celle des conſommateurs entre eux et celle des producteurs entre eux, toute marchandiſe qu'il eſt au pouvoir des hommes de multiplier (ce qui comprend tous les végétaux, tous les animaux, à l'exception de quelques eſpeces dont l'homme ne peut ſe rendre maître, et preſque tous les minéraux), a pour valeur moyenne et ordinaire la ſomme des quantités de terre et de travail employées à la produire et à la mettre en vente ; ou, ce qui revient au même, la quantité de subsistances qu'eût produites la terre consacrée à sa production, plus la quantité de subsistances consommées par les divers agens de travail qui ont concouru à la mettre en état d'être vendue.

Les marchandises qui ne sont pas de nature à se multiplier à proportion de la demande (ce qui ne s'applique qu'à quelques animaux sauvages, à quelques minéraux rares, à certaines productions curieuses et singulieres, et aux chefs-d'œuvre des arts), peuvent augmenter de valeur à mesure qu'elles seront demandées, sans qu'on puisse fixer de bornes à cette augmentation.

Certaines marchandises ont leur valeur bornée par celle d'autres marchandiſes qui ſervent aux mêmes uſages qu'elles, et qui rendent le même ſervice avec quelque avantage. Ainſi, quelque rare que puiſſe devenir la chandelle, ſa valeur n'excédera jamais celle de la bougie, qui rend le même ſervice et d'une maniere plus agréable.

L'échange eſt un contrat dans lequel chacune des parties réciproquement céde *moins* pour recevoir *plus*, c'eſt-à-dire, céde une choſe ſuperflue ou ſurabondante pour recevoir une choſe utile ou néceſſaire.

Des moyens employés pour faciliter les Échanges.

Les échanges étant un des plus grands encouragemens de l'induſtrie, elle s'eſt exercée à trouver tous les moyens poſſibles pour les faciliter, et par conſéquent pour les multiplier.

Les plus remarquables de ces moyens ſont :

1°. *La monnaie.*

2°. *Les banques.*

3°. *Le change.*

4°. *Le prêt à intérêt.*

Nous traiterons de chacun d'eux en particulier.

1°. *De la Monnaie.*

Pour donner lieu à un échange, il faut le concours de deux perſonnes, dont l'une poſſede une choſe dont elle veut ſe défaire, et que l'autre deſire acquérir, et réciproquement.

La moitié de la difficulté ſera levée, ſi l'une des deux perſonnes poſſede une marchandiſe de nature à convenir à tout le monde, parce

parce qu'elle eſt portative et d'une garde extrêmement facile.

Si d'ailleurs cette marchandiſe eſt telle qu'on puiſſe, ſans le moindre déchet, la diviſer en quantités auſſi petites qu'on voudra, elle s'accommodera à tous les beſoins; et par là, elle multipliera d'autant les échanges et aggrandira la concurrence pour chaque échange.

Les métaux, et ſurtout ceux qu'on nomme *précieux*, qui ſont l'*or* et l'*argent*, ſont de toutes les marchandiſes, celle qui réunit toutes ces qualités au plus haut point. Il n'eſt donc pas ſurprenant que preſque tous les peuples les aient choiſis pour être inſtrument d'échange.

Pour rendre encore les échanges plus prompts et plus faciles avec ces métaux, et pour éviter le ſoin et l'embarras de peſer ceux-ci, et d'eſſayer leur dégré de fin ; on a imaginé de les diviſer en pieces ou morceaux d'un poids et d'un titre déterminés, auxquels le gouvernement met une empreinte qui a pour objet d'atteſter ce poids et ce titre, et de prévenir les fraudes. C'eſt alors que ces métaux ont le nom de *monnaie*.

L'échange qui ſe fait contre de l'or ou de l'argent monnoyés, eſt un échange auſſi parfait que celui qui ſe ferait contre toute autre marchandiſe. Cependant dans l'uſage, on le nomme *vente*. Celui qui donne la monnaie, ſe nomme *acheteur* ; celui qui donne l'autre marchandiſe, ſe nomme *vendeur*. La valeur de cette derniere marchandiſe exprimée en monnaie, ſe nomme *prix*.

Cependant, quoique l'échange fait contre de la monnaie ſoit un échange parfait, il arrive très-rarement que le vendeur reçoive son argent dans l'intention de le consommer lui-même; presque toujours il ne le garde qu'en attendant l'occasion de faire un second échange où il sera acheteur à son tour et se procurera des choses propres à sa consommation. C'est pour cette raison qu'on a considéré l'argent monnoyé comme *instrument de commerce*, ou *moyen intermédiaire d'échange*. C'est aussi pour cela que quelques personnes l'ont mal-à-propos regardé comme un *signe*.

Tant que l'argent reste sous la forme de monnaie, il n'est pas proprement une *richesse* (dans le sens strict de ce mot) puisqu'il ne peut directement et immédiatement satisfaire un besoin ou une jouissance; il est seulement alors au nombre des choses qui facilitent la multiplication des richesses.

Cependant on peut toujours, aiſément et ſans la moindre perte, le transformer en une choſe conſommable, telle qu'un vaſe, un bijou, &c., auſſi eſt-ce de ſa valeur, comme marchandiſe, que l'argent tire la valeur qu'il a, comme monnaie; ou plutôt, la monnaie n'eſt autre choſe qu'une marchandiſe dont la loi a certifié le *poids* et la *qualité*.

Le *prix* d'une choſe eſt l'expreſſion du rapport qui ſe trouve pour le moment entre la quantité vendable de cette choſe et le montant des demandes qu'on en fait. Si la quantité vendable et le montant des demandes augmentent ou baiſſent l'une et l'autre en proportion égale, le même rapport ſubſiſte; et, par conſéquent, il n'y a pas de variation dans le prix. Si l'un des termes de cette proportion augmente ou baiſſe, l'autre terme reſtant le même, le prix variera en plus ou en moins. Certaines denrées ſont d'une telle nature, que les demandes qu'on en fait ne peuvent, au moins dans un court eſpace d'années, augmenter ſenſiblement : telles ſont les ſubſiſtances; auſſi leur prix ſuit-il aſſez exactement d'un année et même d'un mois à l'autre, la raiſon inverſe de leur quantité réelle ou préſumée. D'autres denrées ſont d'une nature toute différente; les demandes qu'on en fait varient avec les caprices de la mode et de la vanité; tels ſont les métaux précieux, qui ſont la matiere la plus univerſellement conſacrée au faſte des riches. C'eſt auſſi pour cela que leur prix ne varie pas en raiſon de leur quantité vendable, ou, en autres termes, que le prix des denrées en général ne hauſſe pas dans la même proportion que l'abondance de l'argent ; [la hausse du prix des denrées en général ne signifiant autre chose que la baisse du prix de l'argent, car les denrées et l'argent sont réciproquement prix l'un de l'autre]. Lors de la découverte des mines d'Amérique, l'argent augmenta en quantité en Europe, dans le rapport de 1 à 9 ; mais aussi la demande de ce métal augmenta dans le rapport de 1 à 3. Dès-lors, le prix des denrées ne haussa que dans le rapport de 3 à 9 ou de 1 à 3. L'abondance de ces métaux aiguillonna la vanité des riches, qui se piquerent de les prodiguer dans leurs ameublemens, à l'envi les uns des autres. Au commencement du dix-septieme siecle, les maisons des particuliers regorgeaient de meubles d'or et d'argent. Dans des remontrances de 1617, le parlement de

Paris demande : » qu'il ſoit fait dé-
» fenſe aux particuliers d'avoir de
» la vaiſſelle d'or, des baignoires,
» des cuvettes, des corbeilles et juſ-
» ques aux inſtrumens du feu et de
» la cuiſine en argent, &c., attendu,
» dit-il, l'extrême pauvreté du peu-
» ple, &c. ». Si le vœu du parlement eût été rempli, les denrées euſſent vraiſemblablement beaucoup renchéri, puiſque l'argent aurait été moins demandé et d'autant plus avili. Il eût été au contraire bien plus ſage d'encourager la conſommation d'une marchandiſe, devenue tout d'un coup exceſſivement abondante.

Pour déſigner le titre des métaux précieux, on les diviſe fictivement en un certain nombre de parties; par exemple, en France, on diviſe l'or en 24 parties, que l'on nomme *carats*, et l'argent en 12 parties, que l'on nomme *deniers*. Ainſi, un morceau d'or, ſoit en lingot, ſoit en monnaie, qui contiendra 11 parties de fin et une d'alliage, ſera de l'or à 22 carats. Un morceau d'argent où le fin et l'alliage ſeront dans cette même proportion, ſera de l'argent à 11 deniers. Il y a des ſubdiviſions du *carat* et du *denier*, pour exprimer les degrés de fin intermédiaires. Le carat ſe ſubdiviſe en 32 parties, qu'on nomme 32es ; le denier en 24 parties que l'on nomme *grains*.

Le louis de France eſt au titre de 21 carats $\frac{22}{32}$. L'écu à 10 den. 21 grains. La guinée anglaiſe eſt à 21 carats, et $\frac{5}{6}$ de carat. La monnaie d'argent en Angleterre eſt à 11 parties de fin, ſur 12 qu'on nomme *onces*.

Il y a entre l'or et l'argent une proportion de valeur qui varie continuellement en raiſon, 1°. des variations qui ont lieu dans les demandes respectives qui se font de l'une ou de l'autre de ces deux matieres, d'après la direction que prennent les caprices de la mode, et conséquemment les besoins des manufactures et du commerce ; 2°. des variations qui ont lieu dans les quantités respectives de ces deux métaux qui sont extraites annuellement des mines de l'Amérique, et mises dans le commerce.

La proportion actuelle de valeur de l'argent à l'or dans le commerce de l'Europe, année commune, est comme 1 à 15 à peu près. Les gouvernemens ont été obligés de la fixer dans leurs monnaies d'une maniere invariable, pour obvier à l'incertitude des échanges entre les monnaies de différens métaux. Dans les monnaies de France, ce rapport est fixé comme

1 à 14 $\frac{2}{3}$ environ. Dans celles de Hollande, du Brabant, d'Allemagne, d'Italie, &c., comme 1 à 14 $\frac{1}{2}$. En Angleterre, il est au-dessus de 1 à 15. Ainsi il est naturel que dans les premiers de ces pays, les débiteurs préférent de payer en argent, tandis qu'en Angleterre, où l'or est évalué plus haut que le taux commun du commerce, ils choisissent de s'acquitter avec ce dernier métal, et l'on ne voit gueres d'autre argent dans la circulation que celui nécessaire aux petits échanges.

La valeur intrinséque de la monnaie, c'est la valeur de la quantité de *fin* qu'elle contient. L'alliage étant en pure perte, il y a de l'économie à n'en mettre que la quantité absolument indispensable.

Outre la valeur intrinséque de la monnaie, qui lui est commune avec le lingot de même poids et titre, elle tire ſouvent un ſurcroît de valeur de deux circonſtances.

La premiere, c'eſt la *fabrication* ou façon, qui, la rendant propre à ſon uſage de monnaie, lui donne, par cette raiſon, une légere ſupério-riorité ſur le lingot.

La ſeconde, ce ſont les *droits* dont le gouvernement, au moment où il l'a livrée à la circulation, a jugé à propos de la charger, en la délivrant pour une valeur un peu ſupérieure à ſa valeur intrinſéque. Ces droits, qui ſont une ſuite du privilége excluſif que s'eſt réſervé le gouvernement de fabriquer la monnaie, ſe nomment *droit de fabrication* et *droit de ſeigneuriage*. Ils ont lieu en France, et n'ont pas lieu en Angleterre. Le premier de ces droits eſt cenſé être une indemnité des frais de la fabrication : le ſecond eſt un impôt.

Ces droits ſe montaient en France à environ 1 ⅞ pour 100 ſur les eſpeces d'or, et 3 ½ pour cent ſur celles d'argent, depuis le tarif de 1771. Ils étaient plus conſidérables auparavant.

Il eſt évident que le ſurcroît de valeur réſultant de ces deux circonſtances, ne peut exiſter que dans l'étendue du gouvernement où l'argent ainſi fabriqué fait fonction de monnaie ; par-tout ailleurs, il ne reſte plus que la valeur intrinſéque.

Les droits de *fabrication* et de *ſeigneuriage* empêchent que celui qui poſſède la monnaie ne ſoit tenté de la fondre, ou de l'exporter hors du territoire où elle a cours comme monnaie, parce qu'alors ce ſerait ſur lui que tomberait la perte de ces droits, au lieu qu'en rendant la monnaie sous sa forme, il la donne pour la même valeur qu'il l'a reçue.

Au moment où la monnaie sort de la fabrication pour entrer dans la circulatiou, elle y paraît sous une valeur nominale qui correspond exactement à sa valeur intrinséque, plus à la valeur additionnelle des droits de *fabrication* et de *seigneuriage*, dans les pays où ces droits ont lieu; mais à force de passer dans différentes mains, elle s'use et diminue par conséquent de poids et de valeur; en sorte qu'en supposant que les autres marchandises aient conservé leur même valeur pendant ce tems, la même piece de monnaie achetera moins de ces marchandises, ou, ce qui est la même chose, pour acheter la même quantité de ces autres marchandifes, il faudra donner un peu plus de pieces de monnaie que quand celle-ci était neuve. Mais la piece de monnaie ufée conferve toujours la même valeur nominale. Donc les autres marchandifes paraîtront avoir hauffé de valeur, quoique le contraire foit ici fuppofé.

Si dans cet intervalle le gouvernement vient à émettre de nouvelles pieces de monnaie, celles-ci, quoique neuves et d'un poids fupérieur à celles que la circulation a ufées, auront néanmoins, dans le cours, la même valeur nominale que ces dernieres ; et dès-lors, pour avoir une quantité quelconque d'autres marchandifes, le gouvernement fera obligé de donner numériquement autant de pieces neuves qu'il aurait donné de pieces ufées. Donc la perte réfultante de cette différence tombera en totalité ſur lui, ſans qu'il puiſſe s'en indemniſer.

Dans un pareil cas, ſi la différence de valeur entre les pieces neuves et les pieces uſées excede la valeur additionnelle des droits de fabrication et de ſeigneuriage, les particuliers dans les mains deſquels il paſſera des pieces neuves, auront intérêt de les fondre ou de les exporter, puiſque même après avoir ôté à ces pieces la forme de monnaie, ils pourront encore en retirer un bénéfice.

Cette circonſtance néceſſitera de la part du gouvernement une émiſſion encore plus abondante; et, par conſéquent, elle contribuera à multiplier encore ſes pertes et les moyens de le tromper.

Donc une des qualités eſſentielles de la monnaie, c'eſt que toutes les pieces de même valeur nominale ſoient auſſi de même valeur réelle. Donc, quand la monnaie eſt une fois ſenſiblement dégradée, le ſeul remede à ce mal eſt dans une refonte générale.

La perte qui réſulte d'une refonte générale, n'affecte que nominalement et en apparence, les poſſeſſeurs actuels de la monnaie; car il eſt vraiſemblable qu'ils ne l'ont reçue que pour ſa valeur réelle, à moins qu'ils ne l'aient longtems conſervée dans leurs coffres.

Cette perte aura été ſupportée inſenſiblement par tous les conſommateurs, dans l'augmentation apparente de la valeur des marchandiſes, à meſure de la dégradation de la monnaie, et plus particulierement par ceux dont les revenus auront été, pendant cet intervalle, fixés en valeurs numériques ou nominales.

Après la refonte générale, les autres marchandiſes rebaiſſeront en apparence, pour ſe remettre au niveau de la nouvelle monnaie.

Les gouvernemens ont ſouvent changé la dénomination des monnaies ; c'eſt-à-dire, qu'ils ont hauſſé la valeur nominale de la monnaie, quoique ſa valeur réelle reſtât la même. Ainſi, 12 onces d'argent monnoyé qui, ſous Charlemagne, ſe nommaient une *livre* ou 20 ſols tournois, ſe nomment, dans notre langage numéraire actuel, 74 liv. 14 ſols.

Cette opération eſt illuſoire, quant aux échanges futurs; car elle ne peut rien changer dans le rapport des valeurs reſpectives de l'argent et des autres marchandiſes, ce rapport étant indépendant des dénominations arbitraires qu'on donne à la monnaie. Elle eſt injuſte, en ce qu'elle dénature les conventions faites et non ſoldées, et autoriſe le débiteur à s'acquitter avec moins que ce qu'il a promis. C'eſt le ſeul effet qu'elle puiſſe avoir.

2°. *Des Banques.*

Les banques ſont des dépôts où l'argent deſtiné à la circulation eſt dépoſé ou cenſé dépoſé, et qui mettent à ſa place, dans la circulation, des billets ou promeſſes dont l'objet eſt de rendre le porteur propriétaire du dépôt, pour la ſomme portée en ſon billet.

Il y a eu des banques fondées pour remédier aux inconvéniens réſultans de la valeur variable et incertaine des eſpeces courantes. Telle a été la banque d'Amſterdam.

Il y en a eu de fondées pour multiplier l'inſtrument de la circulation. Telle eſt la banque d'Angleterre.

Quand une banque a acquis assez de confiance, pour que les porteurs de ses billets ne songent point à retirer le dépôt, elle peut employer une partie du dépôt, en le prêtant à des gens solvables qui lui en rendent un intérêt; et alors, la masse de ses billets en circulation excede la somme d'argent effectif déposé dans sa caisse.

Ou bien, cette banque peut émettre de nouveaux billets, et les donner en prêt à des gens solvables, sans augmenter le dépôt d'argent effectif dans sa caisse.

Dans ces deux cas, les billets circulans qui excedent le dépôt d'argent effectif, sont toujours représentés par d'autres valeurs équivalentes, mais non-exigibles au moment même, c'est-à-dire, les obligations des gens solvables auxquels la banque a prêté.

Or, la non-exigibilité des billets de la banque résultant de la confiance des porteurs, couvre et balance la non-exigibilité légale des créances dues à la banque. Mais la banque ne paie rien pour jouir de la premiere, et est payée, au contraire, pour accorder la seconde, ce qui constitue le bénéfice de ses opérations.

Les billets des banques n'étant qu'une représentation de l'argent de la circulation, leur masse totale ne doit jamais excéder la somme totale d'argent qui aurait circulé dans le pays, sans l'établissement des banques.

Toute condition imposée au porteur du billet, qui tend à retarder ou à gêner la faculté qu'il doit avoir de retirer le dépôt, détruit absolument la nature du billet de banque.

Un tel billet n'eſt plus la repréſentation de l'argent, mais, comme toute autre marchandiſe, il ſe meſure avec l'argent et s'évalue plus ou moins au-deſſous de la ſomme dont il porte le nom, ſuivant que la condition eſt plus ou moins déſavantageuſe.

Si le gouvernement force de recevoir dans la circulation des billets de cette nature, ils ne ſeront pas plus pour cela la repréſentation de l'argent; mais alors ce ſera l'argent qui, comme toute autre marchandiſe, ſe meſurera avec ces billets et qui s'évaluera en billets plus ou moins au-deſſus de ſa valeur nominale, ſelon que les poſſeſſeurs d'argent eſtimeront plus ou moins haut les riſques de n'être pas rembourſés de la ſomme portée aux billets.

Une banque ne peut proſpérer que

dans un pays doué d'une conſtitution libre, parce qu'un tel établiſſement tentera toujours l'avidité d'un gouvernement abſolu, contre laquelle tout frein eſt impuiſſant. On ſait quel fut, en 1773, le ſort de la banque de Copenhague, malgré la ſolennité et l'étendue des promeſſes ſous la foi deſquelles elle avait été établie.

3°. *Du Change.*

Le change eſt une opération par laquelle on échange de l'argent à recevoir dans un lieu, contre de l'argent à recevoir dans un autre.

L'objet de cette opération eſt d'éviter aux deux parties les frais et riſques du tranſport de l'argent.

Cet échange paraît plus compliqué que les autres, parce qu'il ne ſe conclut pas directement entre les deux parties, mais le plus ſouvent par des intermédiaires qu'on nomme *banquiers*.

Ces *banquiers* peuvent être conſidérés comme des marchands, dont le commerce eſt de vendre ou d'acheter dans une place, la faculté de diſpoſer d'un argent exiſtant dans une autre.

L'inſtrument qui ſert à réaliſer cet échange, c'eſt un acte qui tranſporte à l'acheteur la faculté de diſpoſer de l'argent dont le vendeur eſt propriétaire dans une autre place ; cet acte ſe nomme *lettre-de-change*.

Par cet acte, le propriétaire de cet argent éloigné, mande à ſon débiteur ou correſpondant de le payer à la perſonne qui lui a acheté cet argent, ou à telle autre indiquée par celle-ci, et il reconnaît en avoir reçu d'elle la valeur.

En ſtyle de commerce, ce vendeur ſe nomme *tireur*. L'acheteur ou celui qui eſt à ſes droits, ſe nomme *porteur*. Le porteur qui cede ſes droits, demeure garant envers ſon ceſſionnaire, et ſe nomme *endoſſeur*, parce que ces ſortes de ceſſions s'écrivent ſur le dos de la lettre. Enfin, le débiteur ou correſpondant auquel la lettre eſt adreſſée, et qui y met ſon acceptation, quand elle lui eſt préſentée, ſe nomme *accepteur*.

Si la ſomme totale des fonds que l'une des places a à tirer ſur l'autre, eſt égale de part et d'autre, c'eſt-à-dire, ſi les deux places ſont débitrices l'une envers l'autre, d'une ſomme pareille, alors il n'y a pas de tranſport effectif d'argent à faire de l'une des places

places à l'autre ; tout se consommera par le transport fictif qu'opéreront les lettres-de-change ; tous les débiteurs de chacune des deux places, au lieu de payer à leurs créanciers de l'autre place, payeront entre les mains de personnes résidentes dans la même ville, qui leur auront été indiquées par leurs créanciers ; les lettres-de-change acquittées leur vaudront quittance, et tout sera soldé sans autres frais que le salaire des agens intermédiaires.

Quand il en est ainsi, on dit que le change est *au pair*.

Mais il arrive souvent que l'une des places doit plus que l'autre, et a, par conséquent, plus de fonds à y faire passer, qu'elle n'en a à en retirer. Alors les débiteurs de cette premiere place qui, pour s'acquitter à moins de frais et à moins de risques, cherchent à le faire par le moyen de lettres-de change, se pressent d'en acheter. Or, il y en a moins que l'on n'en demande. Donc, ceux qui ont de l'argent tout transporté dans la place créanciere, exigeront un *bénéfice* pour céder cet argent ou tirer la lettre qui en transmettra la propriété. Ce bénéfice sera plus ou moins fort, selon que la concurrence des demandeurs sera plus ou moins vive. Ce bénéfice se nomme *prix du change*, ou tout simplement *change*.

Le change prend naturellement un taux uniforme dans tous les traités de ce genre, qui se font à la même époque entre les mêmes places. Ce taux se nomme le *cours du change*.

On dit que le change est *en faveur* d'une place ou *pour* elle, quand les lettres ſur cette place gagnent un *prix de change*. Dans le cas contraire, et quand on offre au rabais les lettres ſur une place, on dit que le change eſt *contre* elle, ou qu'il lui eſt *déſavorable*.

Dans tout ce qui vient d'être dit, on a ſuppoſé que le change ſe faiſait entre deux pays ſoumis au même gouvernement et uſant de la même monnaie ; mais entre deux pays qui ont des monnaies différentes, quoique, au fond, le change ſoit le même quant à ſa nature et à ſes effets, cependant pour juger de l'état du change entre ces deux pays, la différence des monnaies exige une opération préalable, qui conſiſte à réduire les deux monnaies à une valeur commune.

La valeur d'une monnaie n'étant, pour les pays étrangers, que la quantité de fin qui y eſt contenue, quand d'un pays à l'autre on a en échange, par la voie des lettres-de-change, des quantités égales de fin, c'eſt-à-dire, quand on paie dans l'un des pays, par exemple, une once d'argent à 11 deniers de fin, pour acheter une once d'argent au même titre, toute tranſportée dans l'autre pays, alors le change eſt *au pair.* Ainſi, comme on ſait que 30 deniers ou *pennis* anglais contiennent (à-peu-près) autant d'argent fin qu'un écu de 3 liv. de France, quand une lettre-de-change de cent écus ſur Paris, ſe vend à la bourſe de Londres cent fois 30 deniers ſterlings, ou qu'une lettre-de-change ſur Londres de cette derniere ſomme, ſe vend cent écus à la bourſe de Paris, le change entre Paris et Londres eſt *au pair.*

Mais ſi, pour avoir à Londres 30 deniers ſterling, il faut payer à Paris plus d'un écu, ou ſi les négocians de Londres achetent leurs lettres-de-change ſur Paris, à un taux au-deſſous de 30 deniers ſterling par écu, alors le change eſt *en faveur* de Londres et eſt *contre* Paris.

Pour marquer ces variations dans le cours des changes, au lieu d'énoncer le rapport de ces deux valeurs, en les indiquant l'une et l'autre, on a trouvé plus à propos, pour abréger, de conſidérer dans cette évaluation, la monnoie de l'un des deux pays, comme *le prix*, et la monnaie de l'autre, comme *la marchandiſe*; par conſéquent, les variations du marché ſont énoncées dans la premiere de ces deux monnaies ſeulement, la quantité correſpondante de l'autre monnaie étant ſous-entendue. Selon cet uſage, quand le change ſur Londres eſt à Paris à 10 pour cent en faveur de Londres, il ſuffit, pour l'indiquer, de marquer 27 *deniers ſterling* $\frac{3}{11}$ [l'écu de France reſtant toujours le ſecond terme de l'évaluation]; ce qui ſignifie que l'écu à Paris n'achetera que 27 deniers $\frac{3}{11}$ à Londres, ou bien, que 27 deniers $\frac{3}{11}$ à Londres, ſuffiront pour acheter un écu ſur Paris; que, par conſéquent, pour avoir ſur Londres une valeur égale à cent écus ou à 100 fois 30 deniers anglais, qui font 12 l. 10 ſols ſterling, il faudra, à la bourſe de Paris, payer la lettre-de-change 110 écus, leſquels à raiſon de 27 deniers $\frac{3}{11}$ par écu, feront rembourſés à Londres en 3000 deniers ou 12 liv. 10 ſols ſterling.

Dans cet exemple, il faut que Paris

paie $\frac{1}{10}$ au-dessus du pair, pour les sommes qu'il veut remettre à Londres, tandis que Londres ne paie que les $\frac{9}{10}$ du pair, pour s'acquitter envers Paris; c'est-à-dire, qu'avec 11 livres 7 sols 3 deniers $\frac{3}{11}$ seulement, qui forment les $\frac{9}{10}$ de 12 livres 10 sols, Londres rembourse une dette qui, au pair, lui aurait coûté cette derniere somme.

En style de banque, on dit de celle des deux places qui marque les variations du change dans sa propre monnaie, qu'elle donne l'*incertain*; et de la place correspondante, qu'elle donne le *certain*. Ainsi, dans le change entre Paris et Londres, Paris donne le *certain*, qui est son *écu de 60 sols*, et Londres donne l'*incertain*, qui est la quantité de ses deniers sterling, qui répond à l'*écu de change* de Paris.

Dans le change entre Paris et Madrid, Madrid donne le *certain*, qui est sa *pistole de change*, et Paris donne l'*incertain*, qui est la quantite de livres, sols et deniers tournois, auxquels repond cette pistole.

Dans le même langage, on nomme *traites* les lettres-de-change qu'un banquier tire sur son correspondant, et que ce dernier a commission d'acquitter. On nomme *remises* celles qu'un banquier envoie à son correspondant, et que ce dernier a commission de toucher.

Les opérations du change se compliquent davantage, quand une place s'acquitte envers une autre par l'entremise d'une troisieme. Si, par exemple, Paris doit à Londres, Londres à Amsterdam, et Amsterdam

à

à Paris, on évitera les frais et risques du transport effectif avec la même facilité que si Londres et Paris eussent pu balancer leurs dettes respectives. Les négocians de Paris fourniront à ceux de Londres des lettres-de-change sur Amsterdam, et les négocians d'Amsterdam échangeront l'argent qui leur est dû à Londres contre celui qui se trouvera à Amsterdam être dû aux porteurs des lettres-de-change françaises, et il n'y aura pas besoin d'un transport effectif d'especes, si ce n'est pour l'excédent qui resterait dû de part ou d'autre après la balance de tous les comptes.

L'industrie des banquiers s'exerce à prévoir les variations du change, et leur habileté consiste à tenir toujours dans la place la plus avantageuse pour le moment, les richesses mobiles qui ſont à leur diſpoſition. C'eſt ce qu'en langage de banque on nomme *arbitrages*.

L'avantage que la ſociété retire des opérations du change, c'eſt qu'elles épargnent réellement le travail des hommes, ainſi que l'entretien des chevaux et voitures qui ſeraient ſans cela occupés au tranſport effectif des monnaies et lingots; et ſi on obſerve que ces monnaies et lingots ſont preſque toujours l'un des termes de chacun des innombrables échanges qui ſe concluent journellement entre des places éloignées, ſoit dans un même pays, ſoit dans des pays différens, on peut ſe faire une idée de l'étendue immenſe de cette économie et du dégré d'encouragement qu'en doivent recevoir le commerce et l'induſtrie.

4°. *Des Prêts à intérêt.*

L'argent intervenant dans tous les échanges, c'eſt une marchandiſe indiſpenſable à tout homme qui veut faire une entrepriſe quelconque, ſoit de manufacture, ſoit de commerce. Dans le premier cas, il lui faut des outils, des matériaux et des ſubſiſtances pour les ouvriers qu'il emploie; dans le ſecond cas, il faut qu'il achete la marchandiſe, ſur la revente de laquelle il eſpere faire un profit. Quelque activité et quelque intelligence qu'il ait en partage, s'il n'a pas d'argent à ſa diſpoſition, il faut qu'il renonce à ſon projet. D'un autre côté, les fermages et revenus des propriétaires ſe payant en argent, il doit arriver ſouvent que des ſommes d'argent conſidérables viennent dans les mains de femmes, d'enfans ou d'autres personnes qui, par caractere, ne se soucient pas de prendre la peine ou de courir les risques attachés à ces sortes d'entreprises. Il sera donc bien avantageux pour la société que ces personnes à argent confient leurs fonds à ces hommes actifs et intelligens pour les échanger contre des matériaux, des vivres et autres marchandises qui n'attendent qu'un acheteur, ce qui hâtera la marche de ces richesses vers la consommation.

La condition ordinaire de ce contrat, c'est que le propriétaire de l'argent ou capital prêté aura une part du profit ou bénéfice qui est censé résulter de l'emploi de l'argent.

Comme l'intention du prêteur a été de s'affranchir des risques et des incertitudes, et que celle de l'emprunteur a été de disposer du capital à sa fantaisie, sans rendre compte de ses opérations, cette portion destinée au prêteur est ordinairement fixe et indépendante des événemens; elle se regle sur la quantité du capital prêté. C'est ce qu'on nomme *intérêt.*

Les prêteurs de capitaux n'ayant qu'un seul objet en considération, qui est de s'assurer la rentrée de leur capital et le paiement des intérêts pendant le tems du prêt, et ne s'inquiétant gueres au surplus de la nature d'emploi auquel leur capital sera destiné, il doit naturellement s'établir entre tous les propriétaires d'argent ou *capitalistes* une concurrence pour prêter leurs fonds, quels que soient les emplois, s'il y a égale sureté. Cette concurrence des prêteurs entre eux, combinée avec la concurrence opposée des emprunteurs entre eux, forme nécessairement un taux courant et uniforme, pour le moment, dans l'évaluation de l'intérêt, à égalité de suretés.

L'intérêt ne peut monter au-dessus de ce taux général, dans quelques cas particuliers, qu'en raison inverse des suretés offertes par l'emprunteur.

Plus il y aura de capitaux à prêter à intérêt relativement aux demandes qu'en font les emprunteurs, ou ce qui est la même chose, relativement aux emplois lucratifs qu'on peut faire de l'argent, plus l'intérêt sera faible ; si, au contraire, il y a beaucoup d'emplois à faire, et par conséquent beaucoup de demandes de la part des emprunteurs, mais peu de capitaux à prêter, le taux de l'intérêt montera dans la proportion de ce rapport.

Ainsi, plus un pays sera riche, c'est-à-dire, plus il y aura abondance de capitaux, plus le taux de l'intérêt y sera modique; et comme cette modicité de l'intérêt est un grand encouragement pour toutes les entreprises de manufactures et de commerce, tous les genres d'emplois y seront bientôt chargés de toutes les entreprises qu'ils peuvent supporter, ce qui diminuera de plus en plus les occasions de placer les capitaux, et tendra encore à faire baisser l'intérêt.

La modicité du taux de l'intérêt est donc à la fois cause et effet de la prospérité d'un pays.

Les *capitalistes* ou simples propriétaires d'argent sont, comme les propriétaires des terres, des hommes oisifs qui possèdent les instrumens les plus utiles du travail, et qui en retirent gratuitement un bénéfice, c'est-à-dire, un bénéfice qui n'est acheté par aucun travail ni aucun risque réel ; ainsi ils peuvent supporter une grande diminution dans le taux de l'intérêt qui leur est payé, sans être découragés pour cela de prêter leurs fonds aux gens industrieux ; au contraire, comme il leur faudra un capital bien plus grand pour se faire le même revenu, à mesure que l'intérêt baissera, ils seront portés à accumuler encore. Tel était l'état de la Hollande, où il y avait à la fois tant de richesses et tant d'économie.

Il faut qu'il y ait un taux d'intérêt fixé par la loi, pour tous les cas où la loi adjuge au créancier des intérêts par forme d'indemnité, à défaut de stipulation expresse entre les parties ; or, cette fixation de la loi étant faite pour suppléer à la convention des parties, il s'ensuit qu'elle doit suivre le taux courant de l'intérêt, qui est le taux auquel on doit présumer que les parties se seraient arrêtées, si elles eussent stipulé entre elles un intérêt.

Mais pour tous les cas où les parties intéressées ont stipulé elles-mêmes l'intérêt, c'est une absurdité et une injustice au législateur, de prétendre intervenir dans leur convention. C'est à la libre concurrence seule qu'il appartient de fixer le taux de l'intérêt, comme c'est à elle seule à fixer le taux des profits et des salaires, ou le prix des denrées. Quand les parties intéreſſées ſe ſont écartées du taux courant, il y a à préſumer qu'elles y ont été déterminées par des circonſtances particulieres, que l'œil vigilant de l'intérêt perſonnel a ſu mieux apprécier, que ne pourraient le faire toutes les lumieres du magiſtrat.

L'affaire du légiſlateur, c'eſt de protéger et aſſurer, par tous les moyens poſſibles, l'exécution des conventions faites entre le prêteur et l'emprunteur. C'eſt à la fois un devoir impoſé par la juſtice et une meſure dictée par la plus ſaine politique. Rien ne peut contribuer davantage à encourager les prêts ; et, par conſéquent, à amener l'accumulation des capitaux, la baiſſe de l'intérêt et la proſpérité de l'induſtrie.

Donc tout ce qui tend à rendre

les prêts plus gênans et plus dispendieux, tout ce qui tend à assujettir à des formalités et à des dépenses, les sûretés et hypotheques que l'emprunteur doit naturellement exiger du prêteur, est un découragement et une entrave pour l'industrie. Tels sont les contrôles, les droits d'hypotheques et généralement toute formalité fiscale qui n'est pas indispensablement nécessaire pour assurer l'exécution des conventions.

Lorsqu'un capitaliste prête son argent à terme fixe, l'intérêt se regle à tant pour cent par année ; c'est-à-dire, à raison de tant de livres par chaque cent livres du capital. Si le capitaliste renonce au droit de retirer son argent et se contente de recevoir seulement l'intérêt, ou à perpétuité ou pendant sa vie, alors on se sert d'autres termes. L'intérêt ſe nomme *rente* ou *annuité*, ſoit *perpétuelle*, ſoit *viagere*. La *rente* ou *annuité* s'évalue comme l'intérêt, d'après ſon rapport avec le capital donné, mais en autres termes. Si la rente eſt le 20me du capital, on dit que la rente eſt au denier 20. Si elle eſt le 25e, le 30e, &c., on dit qu'elle eſt au denier 25, 30, &c. Ainſi, une rente au denier 20 eſt la même choſe qu'une rente à 5 pour cent, parce que 5 eſt le 20e de cent ; une rente au denier 25, au denier 30, &c., eſt la même choſe qu'une rente à 4, à $3\frac{1}{3}$ pour cent, parce que 4 eſt le 25e, et que $3\frac{1}{3}$ eſt le 30e de cent.

Le prix courant des biens-fonds s'évalue de la même maniere. On dit que les terres ſe vendent au denier 30 ou au denier 40, quand le revenu net annuel est le 30me ou le 40me du prix capital de l'acquisition. Dans cet exemple, le capitaliste a placé son argent à $3\frac{1}{3}$ ou à $2\frac{1}{2}$ pour cent, parce que pour chaque cent livres du prix capital, il doit retirer annuellement, ou 3 liv. 6 sols 8 den. ou 2 liv. 10 sols.

Les *capitalistes* ou *propriétaires d'argent* rendent encore à la circulation plusieurs autres services importans, qui participent de la nature du prêt. Tels sont les *escomptes*, les *assurances*, les *commandites*.

L'escompte est une convention, par laquelle un capitaliste avance au porteur d'une lettre-de-change ou billet à terme fixe, le montant de cet effet, sous la déduction de l'intérêt de cette avance, calculé jusques au terme de l'échéance.

L'escompte tient de la nature de l'échange ou vente, en ce que le capitaliste acquiert la propriété de la lettre-de-change ou billet escompté; et il tient de la nature du prêt, en ce que le commerçant qui reçoit l'avance, endosse la lettre ou billet qu'on lui escompte, et s'engage personnellement à la restitution de la somme avancée.

Les risques ou fortunes de mer ont donné lieu aux *assurances*. Il ne faut qu'un accident de ce genre pour ruiner un commerçant ou pour l'obliger à renoncer à de nouvelles entreprises. Mais, sur 100 ou 1000 bâtimens, quand il en périrait un 30ᵉ ou un 20ᵉ, cette perte serait compensée par le bénéfice des autres, et étant repartie sur chacun d'eux au *prorata* de leurs valeurs ou chargemens respectifs, elle ne composerait qu'un article de dépense peu considérable. En conséquence, des capitalistes consentent à se charger de toutes les fortunes de mer, moyennant une *prime* qui leur est payée par les propriétaires du vaisseau et de la cargaison, et cette prime étant évaluée un peu plus haut que la chance des pertes, il en résulte au total, un profit suffisant pour encourager les assureurs, lequel étant acquitté finalement par les consommateurs de la cargaison et confondu dans le prix de chacun des articles qui la composent, est trop peu sensible pour décourager la consommation.

L'assurance est une sorte de convention tacite entre tous les vaisseaux assurés, par laquelle ils s'obligent à indemniser celui ou ceux d'entre eux qui auront le malheur de périr en mer. La compagnie d'assurance leur prête les fonds nécessaires pour solder cet engagement, et s'en rembourse avec les primes qu'elle reçoit.

La commandite est une société entre un capitaliste et un entrepreneur de spéculations de commerce, dans laquelle le premier fournit son argent, pour mise, et l'autre son industrie. Ainsi, c'est un prêt dont l'intérêt, au lieu d'être fixe et évalué d'après la somme prêtée, est, au contraire, éventuel et réglé sur les bénéfices que cette somme pourra produire.

§. II.

Des différentes especes de Commerce.

Tout échange que l'on fait dans la vue de revendre la chose avec profit, est ce qu'on nomme *commerce*.

Le

Le commerce, conſidéré relativement aux lieux entre leſquels il ſe fait, ſe diviſe en commerce *intérieur* et en commerce *extérieur.*

Le commerce *intérieur* eſt celui qui ſe fait dans un même pays, c'eſt à-dire, entre perſonnes d'une même nation, réſidentes ſous le même empire, enſorte que les marchandiſes qui ſont l'objet de ce commerce ne ſortent point du pays, ſoit qu'elles ſe tranſportent du vendeur à l'acheteur par l'intérieur même du pays, ou le long des côtes de la mer. Ce dernier genre de commerce eſt déſigne particulierement, ſous le nom de *commerce côtier* ou *cabotage.*

Le commerce intérieur, conſidéré relativement à la nature de ſes opération, ſe ſubdiviſe en *commerce en gros* et en *commerce en détail.* Le commerçant *en gros* vend ſes marchandiſes par groſſes parties, et dans des quantités tout-à-fait hors de proportion avec la conſommation des acheteurs; auſſi ne vend-il gueres qu'à d'autres commerçans. Le commerçant *en détail* vend ſes marchandiſes en petites parties et dans des quantités proportionnées à la conſommation des acheteurs; auſſi ne vend-il gueres qu'aux conſommateurs.

Le premier de ces commerçans tient ſes marchandiſes en *magaſin*. L'autre tient les ſiennes en *boutique*.

Le commerce *extérieur* eſt celui qui ſe fait entre perſonnes de nation différentes, et qui néceſſite la ſortie des marchandiſes qui en ſont l'objet.

Le commerce extérieur, conſidéré relativement à la nature de ſes opérations, se subdivise en *commerce étranger de consommation* et en *commerce étranger de transport.*

Le commerce étranger de consommation est celui qui achete des marchandises étrangeres pour les livrer à la consommation du pays.

Le commerce étranger de consommation se fait quelquefois *directement*, quelquefois *par circuit*. Il se fait directement, quand nous achetons les marchandises étrangeres avec notre propre produit. Il se fait *par circuit*, quand nous achetons ces marchandises étrangeres avec d'autres marchandises étrangeres que nous avons importées pour les revendre ; comme, par exemple, quand nous achetons des toiles d'Allemagne avec du sucre et du café que nous avons acheté en Amérique. Ce sucre et ce café ont néanmoins été achetés avec notre propre produit, car, en derniere analyse, il n'y a pas d'autre maniere d'acheter.

Le commerce étranger de transport est celui qui achete des marchandises étrangeres, pour les livrer à la consommation d'un autre pays étranger.

Tous ces différens genres de commerce ont pour objet d'échanger une chose superflue et qui ne trouve pas de consommateurs, contre une chose qui manque et qui est demandée par des consommateurs; sous ce rapport, ils sont tous avantageux aux progrès de l'industrie, puisqu'ils l'encouragent à produire, dans deux endroits différents à-la-fois, un superflu qu'elle ne produirait pas, sans la certitude de pouvoir l'échanger contre une chose consommable.

Mais ils sont avantageux dans des

degrés différens, et si l'un de ces commerces ne marche qu'aux dépens d'un autre genre de commerce qui serait plus avantageux, alors le premier est, dans ce cas particulier, un désavantage réel pour l'industrie.

Les entrepreneurs de travail ne peuvent étendre leurs entreprises, qu'en raison du capital qu'ils possèdent ou dont ils ont la disposition ; quand tout ce capital est converti en marchandises, il faut que leurs entreprises s'arrêtent, et que, par conséquent, toute la portion d'industrie nationale qu'ils tenaient en activité, reste oisive, jusques à ce que ce capital leur soit remplacé, avec profit, par un équivalent qu'ils puissent convertir de nouveau en matieres et en vivres pour recommencer de nouvelles entreprises, et remettre en activité une portion d'induſtrie nationale proportionnée à ce capital. Or, c'eſt le commerce qui opére ce remplacement; et comme chaque entrepreneur d'ouvrage proportionne la totalité de ſes entrepriſes annuelles aux demandes que lui fait le commerce, on n'apperçoit point de ceſſation dans ſon travail : cependant la ſomme de ſes entrepriſes annuelles n'en eſt pas moins déterminée, par le plus ou moins de fréquence des remplacemens de ſon capital.

Ainſi plus les remplacemens que le commerce fait aux entrepreneurs de travail ſeront prompts et fréquens, plus la ſomme d'induſtrie qu'un même capital peut tenir en activité ſera conſidérable; et comme le commerce n'agit que pour les conſommateurs, et que, par conſéquent, ſa marche eſt réglée par celle de la conſommation, plus la consommation est rapprochée de la production, plus alors la marche du commerce est rapide; plus les remplacemens qu'il fait aux entrepreneurs de travail sont fréquens, dans un même espace de tems.

Ainsi, un capital de 100,000 livres employé dans un commerce, entre Paris et Rouen, dont l'objet sera d'échanger des articles de manufactures de Paris, contre des articles de manufactures de Rouen, tiendra une plus grande quantité d'industrie manufacturiere en activité, dans le cours de l'année, que ne le ferait un même capital de 100,000 liv. employé dans un commerce entre Paris et Marseille, dont l'objet serait d'échanger des articles de manufactures de Paris, contre des articles de manufactures de Marseille; et cette quantité sera plus grande de toute la portion d'induſtrie qu'on pourrait tenir en activité de part et d'autre, pendant l'eſpace de tems dont tous les trajets de Marſeille à Paris, y compris les retours, excéderont tous ceux de Rouen à Paris, y compris les retours, pendant le cours d'une année.

Si ce capital eſt employé dans un commerce étranger de conſommation, outre la longueur du trajet, il y a encore à conſidérer que dans chacune de ſes opérations, ce capital ne remplace pas, comme dans le cas précédent, deux capitaux français, c'eſt-à-dire, deux capitaux employés par des entrepreneurs français, mais ſeulement un capital français et un capital étranger; ainſi, toutes choſes égales d'ailleurs, un capital employé au commerce étranger de conſommation

conſommation, ſera de moitié moins avantageux à l'induſtrie nationale, qu'un capital employé dans le commerce intérieur.

Si ce capital eſt employé au commerce étranger de tranſport, il ne remplacera que des capitaux étrangers; c'eſt-à-dire, des capitaux employés chez l'étranger et ſervant à occuper des ouvriers étrangers; ainſi, à l'exception des hommes occupés au tranſport, chargement, &c. des marchandiſes, leſquels peuvent être des nationaux, il ne tiendra en activité aucune portion de l'induſtrie nationale; et le ſeul avantage que le pays en retirera, pour l'augmentation de la maſſe de ſes richeſſes, conſiſtera dans le bénéfice du négociant.

Ainſi, quand le commerce intérieur offre encore des emplois aux capitaux du pays, il eſt à déſirer qu'aucun de ces capitaux n'en ſoit détourné pour aller le conſacrer aux opérations du commerce étranger ; et tant que ſe commerce étranger de conſommation n'a pas encore abſorbé tout ce qu'il peut employer de ces capitaux, il eſt également à déſirer qu'aucun d'eux n'aille au commerce de tranſport ; mais en ceci, comme en tout le reſte des opérations de l'induſtrie, il ſuffit de laiſſer aux capitaux la plus grande liberté, pour que d'eux-mêmes ils prennent la direction la plus conforme à l'avantage général.

A moins qu'une loi de monopole ou de prohibition ne vienne déranger le cours ordinaire des choſes, l'emploi le plus prochain offrira plus de profits au capitaliſte ou au commerçant qui emploie le capital ; ou, au moins, à égalité de profit pécuniaire, il lui offrira moins de risques et moins d'incertitudes, ce qui équivaut réellement à une supériorité de profit; donc cet emploi sera nécessairement préféré. Ainsi, tant que le commerce intérieur offrira de l'emploi aux capitaux, l'intérêt particulier de chacune des trois parties qui se trouvent intéressées dans toute opération quelconque de commerce, c'est-à-dire, du *producteur*, du *commerçant* et du *consommateur*, concourra à retenir dans cet emploi tout le capital national disponible; et de même, tant que le commerce étranger de consommation n'aura pas absorbé tout ce qu'il peut contenir et employer de capital national, ce même intérêt s'opposera à ce qu'aucune partie de ce capital aille chercher de l'emploi dans le commerce étranger de transport. Il n'y a que de mauvais réglemens et une violation de la liberté naturelle du commerce qui puiſſent intervertir cet ordre de choſes.

SECONDE PARTIE.

De la Richeſſe Nationale, de ſon étendue, de ſes progrès et de ſon déclin.

On peut juger de la richeſſe d'une nation d'après pluſieurs ſignes; 1°. d'après l'étendue et l'activité de ſa circulation; 2°. d'après le revenu annuel de la nation; 3°. d'après l'étendue de ſon commerce avec les autres nations.

Ce ſont autant de manieres différentes d'évaluer la quantité de richeſſes qu'elle peut conſommer annuellement.

Quelques perſonnes ont regardé auſſi la quantité du numéraire circulant dans un pays, comme un moyen d'évaluer ſa richeſſe.

En obſervant l'état et la marche de la richeſſe nationale, ſous chacun de ces différens aſpects, on apperçoit les cauſes et les effets des diverſes révolutions qu'elle peut ſubir.

CHAPITRE PREMIER.

De la Circulation générale.

La circulation générale d'un pays, se compose de la masse totale des richesses qui sont en marche pour se rendre à leur commune destination, qui est la consommation.

Il y a des richesses qui ont une longue carriere à parcourir, avant d'arriver dans la main du consommateur. D'autres qui ne font que paraître et disparaître dans la circulation. Le blé que recueille le fermier et qu'il garde pour sa subsistance et celle de ses domestiques, est hors de la circulation, dès le moment où il entre dans les granges du fermier; mais la laine qu'il vend pour les fabriques de drap, peut devenir la matiere de vingt échanges ſucceſſifs , avant d'avoir reçu tous les différens degrés de main-d'œuvre qui la rendent propre à la conſommation ; enſuite elle peut être exportée , et en ſortant ainſi de la circulation nationale, parcourir encore une longue carriere dans la circulation des pays étrangers, avant d'arriver à ſon conſommateur.

Ce que le travail et l'induſtrie conſomment, ſous le nom de *ſalaires* et de *profits* , quoique phyſiquement conſommé et anéanti , reſte néanmoins en entier dans la circulation, et y eſt repréſenté par un ſurcroît de valeur ajouté à la valeur primitive des matieres. Ainſi , les ſubſiſtances conſommées , pendant un mois , par un fabricant de draps , pour nourrir ſes ouvriers et ſe nourrir lui-même, (avec plus ou moins d'abondance , ſelon le taux plus ou moins élevé de leurs ſalaires et de ſes profits) ſont matériellement anéanties, ſauf ce qu'eux et lui pourraient en avoir épargné; mais néanmoins la totalité de ces ſubſiſtances eſt repréſentée par le ſurcroît de valeur qu'ont acquis, pendant ce mois, les matieres premieres travaillées dans ſa manufacture, et ces ſubſiſtances circulent ſous cette nouvelle forme.

Mais s'il y a une portion des produits d'une année qui n'entrent pas du tout dans la circulation ou qui en ſortent de très-bonne heure, il y a auſſi dans la circulation de cette même année, une grande quantité de richeſſes produites dans les années antérieures. Il peut y avoir aujourd'hui, dans la circulation, telle piece d'orfevrerie, dont la matiere eſt hors de la mine depuis plus de vingt ſiecles.

Néanmoins la production annuelle doit naturellement chercher à ſe régler ſur la conſommation annuelle ; et quelque longue que ſoit la période de circulation d'une richeſſe particuliere, il eſt vraiſemblable que la quantité qui en eſt remiſe annuellement dans la circulation par les producteurs, répond à la quantité qui en eſt auſſi annuellement retirée par les conſommateurs.

A meſure qu'augmente la conſommation annuelle d'une denrée dans un pays, et, par conſéquent, la demande annuelle de cette denrée, les producteurs augmentent auſſi annuellement la quantité qu'ils mettent dans la circulation, ſoit de cette denrée, ſoit de la denrée qui la repréſente. Ainſi, à meſure qu'a augmenté en

Europe la consommation annuelle du thé, du sucre, du café, et des autres denrées des Indes, les denrées européennes qui représentent ces productions Indiennes, (c'est-à-dire, qu'on donne médiatement ou immédiatement pour les payer), sont entrées en plus grande quantité dans la circulation générale de chacun des pays qui consomment ces denrées étrangeres.

Ainsi, il y a une correspondance nécessaire entre la quantité du produit annuel d'un pays et la quantité de richesses, tant nationales qu'étrangeres, qui y circulent annuellement.

Quand les demandes annuelles des consommateurs absorbent la quantité annuelle des productions, la circulation est aussi rapide qu'il soit possible; et dans ce cas, les producteurs étant encouragés à redoubler d'activité et d'induſtrie, tendent à groſſir la maſſe de la circulation.

Quand, au contraire, les demandes annuelles des conſommateurs, ſont au-deſſous de la quantité annuelle des productions, la circulation eſt ſtagnante, et ſon ralentiſſement avertit les producteurs de ralentir auſſi leurs travaux, ce qui tend à diminuer la maſſe de la circulation.

Dans le premier cas, un pays marche vers une plus grande proſpérité; les boutiques et les magaſins ſe vuident avec promptitude; les fabricans ſont ſurchargés d'ouvrage; les bras ſont recherchés et cherement payés; les produits de la terre ſont, en conſéquence, très-demandés; les fermiers cultivent avec plus de ſoin et plus d'ardeur; les propriétaires peuvent retirer de plus fortes rentes, et fournir par-là à de plus groſſes dépenſes qui entretiennent toujours l'activité de la conſommation. La maſſe de la circulation annuelle va ſans ceſſe en groſſiſſant ; et comme en définitif cette maſſe ſe diſtribue annuellement dans toutes les claſſes de la ſociété, chacune d'elles peut pourvoir plus abondamment à ſes beſoins et à ſes jouiſſances.

Dans le ſecond cas, un pays tourne à l'appauvriſſement ; les boutiques et les magaſins reſtent encombrés de marchandiſes ; les fabricans manquent d'ouvrage ; les ouvriers ſont trop nombreux et ſont mal ſalariés ; les produits de la terre ſont peu demandés ; les fermiers négligent la culture ; les propriétaires ſont forcés de diminuer le prix des baux, et, par conſéquent, de reſtreindre leurs dépenſes, ce qui ralentit encore la conſommation. La maſſe de la circulation s'amoindrit journellement, et les moyens de ſatisfaire aux beſoins et aux jouiſſances de la vie, diminuent pour tout le monde.

Quand la circulation eſt très-rapide, alors la conſommation épuiſe ſans ceſſe la maſſe de la circulation, et il eſt probable que cette maſſe eſt inférieure à la réproduction annuelle. Quand la circulation eſt ſtagnante, la maſſe de la circulation eſt ſurchargée, et vraiſemblablement elle excede la production annuelle. Mais dans l'état ordinaire et moyen des choſes, la maſſe de la circulation doit être à-peu-près égale à la quantité de la réproduction annuelle.

CHAPITRE II.

De l'Agent de la Circulation.

L'ARGENT monnoyé qui circule dans un Etat, ne fait point partie de la maſſe des richeſſes en circulation; à proprement parler, il n'a point de conſommateur; et ſa conſommation inſenſible eſt le fait de la ſociété toute entiere, priſe collectivement.

Par lui-même, il ne remplit aucun beſoin, il ne ſatisfait aucune jouiſſance; et quoique d'une extrême utilité pour la multiplication des choſes qui ſervent à cet uſage, il ne fait pas plus partie de ces choſes, que la roue d'un moulin ne fait partie du blé qu'elle ſert à moudre.

Il eſt l'agent de la circulation,

l'inſtrument qui en facilite et en accélere les mouvemens et la rend par-là plus active et plus étendue.

Le rapport entre la quantité des richeſſes en circulation et la ſomme de numéraire exiſtant dans un pays, eſt difficile à établir. Quelques perſonnes ont évalué le numéraire exiſtant dans un pays, à un dixieme de la circulation ou du produit commun annuel, d'autres au quart; mais ce rapport eſt modifié par tant de circonſtances, qu'il eſt impoſſible de le chercher d'après des régles générales.

La ſuppoſition adoptée par certaines perſonnes, que le numéraire circulant en France, montait à plus de 2 milliards, eſt hors de toute probabilité. Cette maſſe énorme d'argent ſerait trop diſproportionnée au produit

produit annuel, et, par conſéquent, aux beſoins de la circulation.

Plus la circulation eſt rapide, plus alors les mêmes pieces d'argent répètent leur fonction de monnaie, dans un tems donné, et, par conſéquent, moins il faut de numéraire pour ſuffire aux beſoins de la circulation. Plus la circulation eſt lente, plus elle exige de numéraire pour parcourir le même cercle d'opérations.

La marche du numéraire eſt preſque toujours d'entrer par petites parcelles dans les coffres, dont il ſort en grandes maſſes, et de ſortir par petites parcelles des coffres où il entre en groſſes maſſes. Ainſi, il entre par groſſes ſommes dans le coffre des propriétaires, des rentiers et autres riches conſommateurs, et il ſort de ce coffre par petites ſommes pour la consommation journaliere. Mais il entre par petites sommes dans le coffre des marchands, où il est versé par la consommation journaliere, ainsi que dans celui des fermiers, qui vendent leurs denrées successivement et par petites quantités dans les marchés, et il sort de ces coffres par grosses sommes, pour payer, aux échéances convenues, les engagemens contractés par les marchands envers les fabricans, et par les fermiers envers les propriétaires. Il y a donc toujours une grande quantité de numéraire en stagnation dans les coffres, tant de la premiere espece que de la seconde, et cette quantité est en raison du plus ou moins de vîtesse du mouvement de la circulation.

Plus ce mouvement sera rapide,

plus les échéances ſeront rapprochées ; les propriétaires et rentiers ſtipuleront leurs paiemens par ſemeſtre ou même par quartier , et alors ils ne garderont dans leurs coffres que la ſomme correſpondante à leur conſommation d'un ſemeſtre ou d'un quartier. Les coffres de la ſeconde eſpece recueilleront en moins de tems plus de petites ſommes , et ſi les ventes journalieres d'un marchand lui rendent 10,000 livres par ſemaine et qu'il ait 10,000 livres à payer à la fin du mois , il ne commencera à amaſſer l'argent de ſes ventes et à le tenir en ſtagnation , qu'une ſemaine ſeulement avant l'échéance.

Si le mouvement de la circulation générale eſt lent, les échéances ſeront éloignées les unes des autres ; les propriétaires et rentiers feront obligés de fe prêter aux circonftances de leurs débiteurs, qui ne pourraient pas fatisfaire à des termes très-rapprochés, et eux-mêmes auront peu d'intérêt à ftipuler autrement; les rentes et fermages fe payeront par année, et dès-lors, il faudra conferver en ftagnation, dans les coffres de la premiere efpece, de quoi attendre le retour de l'échéance fuivante, c'eft-à-dire, une quantité de numéraire correfpondante à la confommation de l'année. Les coffres de la feconde efpece fe rempliront plus lentement, et pour acquitter une dette de 10,000 livres, il faudra que le marchand commence à garder dans fon coffre, le montant de fes ventes journalieres, au moins 15 jours avant l'échéance, fi ces ventes ne lui rendent communement que 5,000 liv. par femaine.

CHAPITRE III.

Du Fonds de Consommation.

OUTRE la masse de richesses en circulation, il existe une autre masse de richesses qui est hors de la circulation, ou qui du moins n'y entre qu'accidentellement et pour une très-petite partie. Ce sont toutes les richesses accumulées entre les mains de ceux qui les possédent dans l'intention de les consommer.

Ce fonds est composé de deux parties :

1°. Les richesses servant directement aux besoins, aisances et commodités de la vie ; telles que les provisions de bouche, de garde-robe, le linge, les voitures, les chevaux de selle et de carosse, et le mobilier de toute espece accumulé dans les mains des particuliers pour leur consommation et leur usage, ainsi que les maisons et autres constructions destinées à l'habitation ou à l'agrément.

2°. Les richesses qui servent, indirectement seulement, aux besoins, aisances et commodités de la vie, et dont l'objet immédiat est de multiplier les choses de la premiere espece. Telles que les outils de métier, les instrumens et machines, les animaux de labour et de charroi, les usines et constructions de tout genre, destinées à faciliter les travaux de l'agriculture, des arts et du commerce.

Ce fonds est le fruit de l'industrie et de l'économie des âges précédens, et n'est jamais plus abondant que dans les pays qui sont depuis long-tems dans l'opulence.

L'inconſtance des modes tend à renouveller fréquemment, et avant la conſommation, ce qui compoſe la premiere partie de ce fonds, et à rendre à la circulation pluſieurs articles d'agrément et de commodité que rejettent les claſſes riches, et que les claſſes pauvres peuvent alors ſe procurer à très-bas prix.

Le progrès continuel des lumieres et de l'induſtrie tend à renouveller auſſi, avant la conſommation, quelques-uns des articles qui compoſent la ſeconde partie, et à en rendre les matériaux à la circulation.

En ajoutant la maſſe de ce fonds, à la maſſe de la circulation, on a la ſomme totale des richeſſes exiſtantes dans un pays.

CHAPITRE IV.

Du Revenu d'une Nation.

LA richeſſe d'un pays et ſon revenu ſont deux choſes fort différentes. Ainſi qu'un particulier, une nation peut poſſéder une grande maſſe de richeſſes qui ſe conſomment inſenſiblement et ne lui rapportent aucun revenu.

Dans le ſens abſolu, *revenu* veut dire ce qui revient et ſe remplace à meſure qu'il ſe conſomme ; et comme tous les êtres que détruit la conſommation ne peuvent être remplacés que par les produits de la terre, il s'enſuit que tout revenu eſt en derniere analyſe le produit de la terre.

C'eſt parce que la plupart des produits de la terre ſe renouvellent une fois

fois par année, que le *revenu* s'évalue d'après son montant annuel.

Le revenu d'une nation est la totalité des choses qu'elle peut consommer dans le cours de l'année, sans s'appauvrir.

En considérant une nation indépendamment de toutes relations avec les autres peuples, son revenu annuel consiste dans la totalité des productions qu'elle recueille annuellement de son territoire, en y comprenant ses pêcheries, ses mines et ses carrieres.

C'est faire un double emploi que d'y joindre, comme ont fait quelques personnes, la valeur du produit annuel de son industrie et de ses manufactures. C'est comme si, pour connaître la quantité d'hommes qu'un pays peut nourrir, on additionnait la quantité de blé qu'on y moissonne, plus la quantité de farine que les moulins y produisent, plus la quantité de pain qu'y fabriquent les boulangers. Ou bien, c'est la même chose que si on composait le revenu d'un riche propriétaire, de la totalité des fermages que lui paient ses fermiers, plus des gages, salaires et profits qu'il paie annuellement à ses domestiques et fournisseurs. En un mot, c'est additionner deux fois le même revenu, sous la forme dans laquelle il se perçoit et sous la forme dans laquelle il se dépense. La nature ne nous accorde ses productions, qu'à la charge de les travailler pour les approprier à nos besoins et à nos jouissances ; ce sont les ouvriers des manufactures qui remplissent cette charge ; en la remplissant, il faut qu'ils ſubſiſtent d'une partie de ces mêmes productions , et c'eſt cette partie de productions , conſommée pendant leur travail , qui ajoute un ſurcroît de valeur à la partie qu'ils ont travaillée. Ceux qui conſomment ces productions travaillées , paient comme s'ils conſommaient non-ſeulement la matiere premiere , mais même les ſubſiſtances que les ouvriers ont conſommées ou pu conſommer pendant leur travail , et ils paient ainſi , parce qu'ils jouiſſent d'une peine qu'ils n'ont pas priſe , parce qu'ils ſe ſont affranchis d'une charge attachée à leur jouiſſance , et qu'ils ont rejetté cette charge ſur d'autres ; mais , dans la réalité , ils ne conſomment et ne détruiſent autre choſe que la matiere premiere ; la valeur ajoutée par le travail , n'étant qu'une fiction imaginée pour que les conſommateurs remplacent à celui qui en a fait l'avance, la conſommation préalable occaſionnée par un travail dont ils s'exemptent. Quand un conſommateur a complettement uſé, dans ſon année, dix livres peſant de drap, quelque fini et bien travaillé que ce drap puiſſe être, il n'a réellement détruit que dix livres de laine, quoiqu'il ait payé pour cet article de conſommation, une valeur peut-être vingt fois plus forte que la valeur orginaire de la laine, et les 19-20es du prix de ſon drap ne ſont que le rembourſement d'une conſommation déjà faite par d'autres que par lui, mais du travail deſquels il a voulu profiter.

Ceux qui vivent de ſalaires et de profits, ont donc pour *revenu* la dépenſe des conſommateurs; ainſi, le revenu d'une nation n'eſt pas, à beaucoup près, la même choſe que la ſomme de tous les revenus particuliers.

Celui qui épargne une partie de ſon revenu, ſoit que ce revenu lui provienne de ſa terre ou de ſon induſtrie, garde cette épargne ou en nature de choſe conſommable, ou, ſous forme de monnaie. Dans le premier cas, cette épargne ajoute au fonds de conſommation; dans le ſecond cas, la choſe que ce particulier aurait pu conſommer, reſte dans la circulation. Quand ce particulier prête à d'autres l'argent de ſes épargnes, c'eſt une véritable ceſſion qu'il leur fait des choſes conſommables qu'il a laiſſées dans la circulation, et qu'il avait droit d'y prendre pour ſa conſommation.

Il y a dans le revenu d'une nation

une partie dont la consommation est *obligée*, et une autre dont la consommation est *libre*.

La premiere est celle qui doit nourrir et entretenir tous les agens et instrumens de la culture et de la réproduction. On ne peut en détourner aucune portion pour un autre usage, sans attaquer directement dans sa source la richesse nationale et affaiblir le revenu courant.

La seconde partie, qui est ce qu'on nomme aussi le revenu *net*, peut être arbitrairement dissipée, sans que le revenu courant en soit affecté.

Dans l'état actuel de la culture en Europe, on évalue communément le revenu net à un tiers du revenu total.

Le revenu *total* eſt égal à la ſomme du produit de toutes les terres. Le revenu *net* eſt égal à la ſomme de tous les revenus des propriétaires fonciers.

De tous les revenus qu'une nation tire de ſon territoire, le moins avantageux eſt celui qui provient des mines d'or et d'argent, parce que, d'une part, ces métaux étant d'une conſommation très-lente, chaque quantité nouvelle qu'on en met dans le commerce diminue d'autant la valeur de ce qui y exiſte déjà de ces métaux, et dès-lors cette quantité nouvelle doit valoir moins que ne valait une quantité pareille, avant que celle-là fût miſe dans le commerce; d'où il réſulte que la valeur de cette ſorte de revenu va toujours en décroiſſant; et parce que, d'une autre part, l'exploitation des mines, à mesure qu'on les creuse davantage, entraîne plus de dépense et de travail. Aussi, ce genre de propriété tend à appauvrir les nations qui y consacrent leur industrie.

CHAPITRE V.

Des Nations ſalariées.

DANS l'état ordinaire des choſes, une nation eſt dans la ſituation d'un propriétaire foncier qui ſubſiſte du produit de ſes terres, ſoit qu'il le conſomme en entier dans ſa maiſon, ſoit qu'il en échange une partie avec ſes voiſins pour ſe procurer quelques autres articles de conſommation.

Mais il y a certaines nations qui, ne poſſédant qu'un territoire très-borné, auraient trouvé trop peu de reſſources dans les produits de ce territoire, pour maintenir chez elles une population un peu conſidérable, ſi elles ne ſe fuſſent adonnées à travailler pour d'autres nations.

Ces nations ſont dans l'état d'un

homme ſalarié ; elles ne conſomment pas les matieres ſur leſquelles s'exerce leur induſtrie, ni l'équivalent de ces matieres ; elles ne peuvent conſommer autre choſe que ce qui leur eſt abandonné, pour le ſalaire de leur travail, par les autres nations, et ce ſont ces ſalaires qui conſtituent le revenu d'une nation ſalariée.

Une telle nation eſt comme un entrepreneur de ſon propre travail ; elle poſſede des capitaux *fixes* et *circulans* dont le profit entre dans ſes ſalaires et ſe confond avec eux. Avec ſon capital *circulant*, elle achete et revend pour ſon propre compte ; mais il faut toujours ſuppoſer, dans toutes ſes opérations, deux nations étrangeres dont les produits s'échangent entre eux pour leur conſommation reſpective, et ne pas oublier que la nation salariée n'est que l'agent intermédiaire de ces échanges, et qu'elle ne peut en rien consommer au-delà de la part qui lui demeure à titre de profits ou de salaires. Son capital *fixe* consiste en machines, et surtout en vaisseaux et instrumens de navigation qui contribuent à grossir son revenu.

Mais le revenu qu'elle reçoit lui est fourni par d'autres nations qui ne peuvent le lui fournir annuellement qu'autant que leur produit territorial est dans le cas d'y suffire; ainsi, ce n'est que dans un sens relatif que ces salaires et profits sont considérés comme un *revenu*; et on ne peut pas citer une pareille nation comme une exception à ce principe évident : *que tout revenu vient de la terre en derniere analyse*.

Quelques nations ſalariées ont été tellement ſecondées par leur poſition géographique relativement à leurs voiſins, et par d'autres circonſtances et événemens particuliers, qu'elles ont pu élever leurs ſalaires et leurs profits à un taux exceſſif, et que n'ayant peu ou point de concurrens, elles ont pu ſoutenir ce taux pendant aſſez long-tems pour acquérir d'immenſes capitaux par les économies qu'elles ont faites ſur des ſalaires et profits extrêmement diſproportionnés à leur conſommation. Tels ont été, dans le moyen âge, les Gênois et les Piſans, et depuis, les villes Anſéatiques, la Hollande, &c.

Mais une telle richeſſe eſt bâtie ſur des fondemens précaires, puiſqu'elle porte ſur le ſol d'autrui, et elle s'écroule au moment où les voisins qui l'entretenaient, ne veulent plus ou ne peuvent plus fournir de revenu à la nation salariée, ce qui met celle-ci dans la nécessité de vivre de ses capitaux, et la ramene, au bout de quelque tems, à l'état de pauvreté et de faiblesse auquel elle est condamnée par sa situation naturelle.

CHAPITRE VI.

Du Commerce des Nations.

LA totalité des marchandiſes, brutes ou manufacturées, qu'une nation tire des nations étrangeres par la voie du commerce, conſtitue la maſſe de ſes *importations*.

La totalité des marchandiſes brutes ou manufacturées qu'elle envoie, par la voie du commerce, aux nations étrangeres, conſtitue la maſſe de ſes *exportations*.

Dans le cours ordinaire des choſes, le commerce d'une nation n'eſt pas pour elle un moyen direct d'augmenter ſes richeſſes; naturellement ſes commerçans évaluent le plus haut qu'ils peuvent les articles qu'ils vendent aux nations étrangeres, et donnent le moins qu'ils peuvent à celles-ci pour les articles qu'ils achetent d'elles ; mais les commerçans de ces nations étrangeres en font autant de leur côté, et il eſt probable que, des deux parts, il faut qu'on s'arrête à l'évaluation la plus raiſonnable.

Si une nation s'enrichiſſait directement par ſes échanges avec les autres, c'eſt-à-dire, ſi elle recevait conſtamment une valeur réellement ſupérieure à celle qu'elle donne, un tel commerce appauvrirait d'autant les autres, et par cette raiſon, il ne pourrait durer long-tems.

Mais l'effet du commerce eſt de donner une valeur au ſuperflu de chacune des deux nations, en procurant des conſommateurs à ce ſuperflu ; par là, il encourage la production et l'accroiſſement graduel de ce ſuperflu chez les deux nations à-la-fois ; il les enrichit indirectement l'une et l'autre, en même-tems, et les met toutes deux en état de continuer entre elles les mêmes opérations avec encore plus d'avantage.

Toutes choſes égales d'ailleurs, une marchandiſe venue de l'étranger coûte plus cher au conſommateur, que ſi elle eût été produite et fabriquée dans le pays même, à cauſe des frais et riſques du tranſport qui ſont une des charges de la conſommation. Ainſi, dans l'état ordinaire et naturel des choſes, les conſommateurs nationaux pourront offrir, de la même marchandiſe un prix plus haut que les conſommateurs étrangers, parce que les premiers ont des frais de moins à payer. Donc naturellement, les marchandiſes qu'on exportera ſeront celles qui ſeront le moins demandées dans l'intérieur,

et

et toutes choſes égales, les marchands auront intérêt à préférer les conſommateurs nationaux aux étrangers.

Par une ſuite du même principe, les marchandiſes importées de l'étranger, étant chargées des frais et riſques du tranſport, toutes choſes égales d'ailleurs, l'induſtrie nationale aura un avantage ſur l'induſtrie étrangere, et les conſommateurs auront intérêt à préférer les marchandiſes nationales aux étrangeres. Donc, naturellement les marchandiſes qu'on importera de l'étranger, feront celles que l'induſtrie nationale aurait le moins d'intérêt, ou le moins de moyens de produire.

Une nation qui importe pour revendre, eſt, à l'égard des autres nations, ce qu'eſt un marchand à l'égard des conſommateurs. Ce genre de commerce eſt pour elle un moyent direct d'acquérir des richesses. Mais pour que les autres nations consentent à lui laisser cet emploi et à ne pas faire leurs affaires par elles-mêmes, il faut quelque circonstance extraordinaire, telle que l'une des deux suivantes. Ou bien, la situation géographique [illegible], en fait un entrepôt commode et avantageux pour les autres peuples qui ont des superflus à échanger respectivement : telle est la situation de la Hollande, de Dantzick, &c., pour le commerce d'entre le Nord et le Midi de l'Europe. Ou bien, cette nation, par une grande force maritime et de nombreux établissemens dans les diverses parties du monde, se sera assuré le monopole d'une grande partie des productions les plus recherchées par les riches consommateurs de tous les pays. Telle est la situation de l'Angleterre.

CHAPITRE VII.

De la Balance du Commerce.

De deux nations qui commercent ensemble, chacune croit recevoir l'équivalent de ce qu'elle donne et ne croit donner que l'équivalent de ce qu'elle reçoit; autrement, il n'y aurait pas long-tems de commerce entre elles; ainsi, les exportations qu'une nation fait aux autres, sont naturellement l'équivalent des importations qu'elle en reçoit.

Mais ces exportations et ces importations sont composées de marchandises de natures différentes; et comme parmi les divers articles de commerce, il en est un qui excite plus la cupidité que tous les autres, c'est sur celui-là que l'attention s'est portée le plus particulierement. Cet article, ce ſont les métaux précieux.

Lorſque dans la maſſe des marchandiſes qu'une nation importe des autres nations avec leſquelles elle commerce, il ſe trouve des métaux précieux, un préjugé mercantile a fait imaginer que l'opération en étoit plus avantageuſe; et par ſuite, qu'elle était d'autant plus avantageuſe, que ce genre particulier de marchandiſe y dominait plus, quoique cependant on ne l'importât, ainſi que tous les autres articles d'importation, qu'en cédant une valeur équivalente.

Mais toutes les nations civiliſées conſomment des métaux précieux, ſous forme de monnaie et ſous forme de meubles; ainſi, pour fournir à ces conſommations, toutes les nations qui n'exploitent pas de mines, doivent recevoir des métaux précieux, directement ou indirectement, des nations qui exploitent les mines.

Et comme l'exploitation des mines est le plus mauvais emploi qu'on puisse faire de l'industrie, et que cet emploi tend à appauvrir les nations qui s'y livrent, cette circonstance a dû accréditer le préjugé, que les opérations de commerce étaient avantageuses aux peuples qui recevaient l'or et l'argent pour d'autres marchandises, et désavantageuses à ceux qui les donnaient en échange.

On a appelé *balance du commerce*, la quantité de métaux précieux qui se donne ou se reçoit, pour balancer ou égaliser les importations avec les exportations.

Dans le commerce d'entre deux

nations, on dit de celle qui reçoit l'argent parmi les articles de ſes importations, que *la balance eſt en ſa faveur*, et de celle qui donne ou exporte cet article de commerce, que *la balance lui eſt contraire.*

Suivant ce langage, une nation peut avoir la balance contraire avec un peuple, et cependant avoir en ſa faveur la balance générale; c'eſt-à-dire, qu'elle peut exporter de l'argent à ce peuple en particulier, mais au total en recevoir plus qu'elle n'en exporte, en prenant collectivement tous les peuples avec leſquels elle commerce; et ce doit être néceſſairement le cas de toute nation qui conſomme de ces métaux, ſans en recueillir chez ſoi.

Rien n'eſt donc plus illuſoire que cette maniere d'apprécier la richeſſe respective des nations ; il est plus simple et plus vrai d'en juger comme de celle des particuliers. Quand un homme qui vit dans ses terres, va acheter à la ville beaucoup d'objets de luxe et d'agrément, il est réputé d'autant plus riche, qu'il a plus de superflu à dépenser de cette maniere. De même, si une nation jouit d'une parfaite liberté dans son commerce avec les étrangers, si ses exportations et importations sont laissées à leur cours naturel, sans gênes ni encouragemens artificiels, on ne risquera pas de se tromper en la jugeant d'autant plus riche, qu'elle importera plus annuellement des nations étrangeres, puisque c'est une preuve qu'elle a d'autant plus de richesses superflues annuellement à sa disposition.

Mais le commerce étranger n'est

avantageux à une nation qu'autant qu'il porte ſur des articles ſuperflus et qui ſurabondent chez elle. Une nation qui n'aurait preſque point de manufactures, et qui, pour ſe procurer des objets de fabrique étrangere, exporterait conſtamment, année commune, une partie de ſes récoltes, ferait un commerce véritablement ruineux, puiſqu'il tendrait à diminuer de plus en plus les moyens de ſubſiſtance, et par conſéquent les moyens de population; que dès lors il attaquerait cette nation dans la ſource même de ſa force et de ſon exiſtence, ou tout au moins arrêterait ſon aggrandiſſement naturel. Plus les propriétaires y prendraient le goût des manufactures étrangeres, plus alors ils exporteraient de blé, et plus ils ſeraient forcés de retrancher ſur leur ſuite, leurs domeſtiques,

tiques, &c., afin de fournir à leurs nouvelles dépenſes ; ainſi les productions du ſol national iraient conſtamment, et dans une progreſſion toujours croiſſante, nourrir une population étrangere, c'eſt-à-dire, celle des ouvriers dont on y conſommerait les ouvrages. La Pologne, par exemple, qui ne paie guere qu'avec ſes propres blés tout ce qu'elle conſomme en denrées étrangeres, comme ſucre, café, vins, &c. ou en beaux ouvrages de manufacture, ne peut faire toutes ces conſommations qu'aux dépens de ſa population, et en nourriſſant avec le produit de ſon ſol des ouvriers et des matelots d'Angleterre, de Hollande et des autres nations où ſes blés ſont importés.

Ce royaume exportait, avant les derniers troubles, plus de 50,000 laſts, tant froment que ſeigle, année commune ; or, chaque laſt de bled repréſente la ſubſiſtance annuelle de dix perſonnes. Depuis plus de 20 ans, les exportations faites de Pétersbourg, année commune, excédent une valeur de 10 millions de roubles qui répondent à 46 millions de France. Elles conſiſtent preſque en totalité en produits bruts, en bleds, chanvres, lins, ſuif, &c. Les importations conſiſtent en vins d'Eſpagne et de Portugal, café, ſucre, modes, riches étoffes, &c. Ce genre de commerce eſt fondé ſur la conſtitution politique de ces deux pays, où la très-grande majorité de la nation eſt dans un état de ſervitude et ſous l'oppreſſion d'un petit nombre de nobles qui diſpoſent arbitrairement de ſon travail et la réduiſent à ne conſommer que les alimens les plus groſſiers.

Toute nation encore peu avancée dans son industrie, et qui veut consommer les produits d'une industrie étrangere plus perfectionnée et plus rafinée que la sienne, jouit contre l'ordre de la nature. Elle ressemble à un particulier peu riche qui, se laissant séduire par l'exemple de ses voisins, fait plus de dépenses qu'il ne peut, et se ruine pour les imiter. Il faut alors qu'elle paye en productions de la terre, c'est-à-dire, en subsistances, et par conséquent, aux dépens de sa population, ce qui lui manque du côté de l'industrie, pour balancer les échanges. Mais quand deux nations sont arrivées à un dégré d'industrie à peu près égal, il importe peu en quel genre elles exercent cette industrie dans les échanges qu'elles font entre elles, et il est assez indifférent d'observer quels sont respectivement les articles de leur commerce. Chacune exercera naturellement ſon induſtrie dans le genre qui lui ſemblera le plus convenable à ſes circonſtances particulieres, et il eſt très-vraiſemblable qu'elles y gagneront toutes les deux.

TROISIEME PARTIE.

De l'action du Gouvernement ſur la Richeſſe nationale.

L'ACTION du gouvernement et ſon influence ſur la richeſſe nationale dépendent, quant à leurs effets, de deux circonſtances principales.

1°. De la maniere dont le gouvernement uſe relativement au travail et à l'induſtrie, du pouvoir qui lui eſt confié.

2°. De la maniere dont il préleve ſur la fortune nationale, la partie de richeſſes dont il a beſoin pour ſes dépenſes.

Ainſi les deux objets principaux dont le gouvernement ait à s'occuper en économie politique, ſont :

1°. Le genre de protection qu'il doit au travail.

2°. La forme la plus économique d'asseoir et de lever l'impôt.

Le gouvernement dirige sa conduite d'après le but qu'il croit devoir se proposer, et d'après le plan qu'il juge le plus propre à atteindre ce but, c'est-à-dire, qu'il la dirige d'après le système d'économie politique qu'il a adopté. C'est ce système qui le guide dans le genre de protection qu'il croit devoir au travail et à l'industrie, et même dans la forme d'imposition qu'il préfere, autant que ses besoins et les circonstances du moment le laissent maître du choix.

CHAPITRE PREMIER.

Des ſyſtêmes d'Economie politique.

Il ſemble qu'il ne peut y avoir deux opinions ſur le but que doit ſe propoſer tout *ſyſtême d'économie politique*. La philoſophie qui ne conſidere que le bien général de l'humanité ; la politique qui ne voit que les moyens d'accroître la puiſſance de l'Etat, paraiſſent au moins d'accord ſur ce premier point. Le but à ſe propoſer eſt *d'entretenir le plus grand nombre d'hommes que le pays puiſſe faire ſubſiſter d'une maniere convenable.*

La nature entraînant toutes les eſpeces animales vers leur propagation, par un attrait irréſiſtible qui l'emporte infiniment ſur la peine attachée au travail, il devrait naturellement en résulter que la propagation de l'espece humaine n'aurait d'autres limites que celles de la puissance du travail sur la terre réproductive, c'est-à dire, que la population irait sans cesse en augmentant jusqu'à ce que la totalité de la terre fût arrivée au point de rendre le plus de subsistances qu'il fût possible au travail des hommes d'en retirer.

Mais pour arriver à ce résultat, il faudrait aussi que l'homme obéît aux vues de la nature avec autant de simplicité et de soumission que les animaux. Ceux-ci marchent tous invariablement vers la plus grande multiplication possible de leur espece, sans avoir d'autres obstacles à surmonter que les élémens et les especes ennemies. Mais l'homme qui a su dompter les élémens et s'assujettir toutes les autres eſpeces, porte par-tout avec ſoi un ennemi inſurmontable ; ce ſont ſes paſſions qui le rendent le plus redoutable adverſaire de ſa propre eſpece. La plus univerſelle, la plus conſtamment dominante de toutes ces paſſions, c'eſt la jalouſie du pouvoir, ou le deſir de l'emporter ſur ſes ſemblables ; d'où nait l'amour de la propriété excluſive.

Au moyen de la propriété excluſive de la terre, condition indiſpenſable de toute civiliſation, la terre n'eſt plus à la diſpoſition de celui qui veut travailler ; elle eſt dans un petit nombre de mains avides et jalouſes, et la ſubſiſtance de tout le reſte de l'eſpece dépend des goûts et des caprices de ce petit nombre.

Encore ce petit nombre tend-il à

ſe reſſerrer de plus en plus ; tout propriétaire mettant ſon ambition à aggrandir la quantité de terre qui eſt à ſa diſpoſition, et les maîtres des propriétés les plus grandes ayant toujours le deſir et les moyens d'engloutir les plus petites.

Dans cet état de choſes inévitable, puiſqu'il eſt fondé ſur la nature même des paſſions humaines, les beſoins *artificiels* (1) du riche étant

(1) Par beſoins *artificiels*, il faut entendre tout ce que la ſenſualité, le caprice ou la vanité ajoutent de recherche et de raffinement à ces beſoins *naturels* qui ſont communs à tous les hommes ſous un même climat. Ainſi la quantité des beſoins artificiels dépend de celle des beſoins naturels. Or, ceux-ci ne ſont pas les mêmes ſous tous les climats. Entre les tropiques, le vêtement et le logement ne ſont plus des beſoins naturels, comme ſous les

la ſource où le pauvre doit puiſer ſa ſubſiſtance, la population ſera en raiſon de la nature et de l'étendue de ces beſoins, et elle croîtra à meſure de la quantité d'hommes qu'il faudra pour les ſatisfaire.

Mais comment le gouvernement agira-t-il ſur ces beſoins *artificiels*? peut-il eſpérer de les diriger immédiatement lui-même dans la voie la plus favorable à ſes vues?

---

zones tempérées, où ces deux articles forment les deux claſſes principales des beſoins artificiels. Si de tems immémorial le travail, le commerce et tous les arts de la civiliſation ont été étrangers aux Peuples qui habitent la zone torride, au lieu d'en chercher la cauſe dans une différence imaginaire d'organiſation, il eſt plus naturel de l'attribuer à l'inactivité néceſſaire où languit l'induſtrie quand elle n'eſt pas ſtimulée par des beſoins.

Sans doute les besoins artificiels du riche peuvent prendre quelquefois une direction plus favorable qu'une autre à l'accroissement de la population nationale ; mais, d'une part, il n'y a pas de sagesse humaine qui puisse donner à des besoins artificiels une direction un peu constante ; et d'autre part, les besoins artificiels les plus directement favorables à l'accroissement de la population, entraînent avec eux, pour l'ordinaire, des maux infinis, qu'on ne peut mettre en balance avec un tel avantage. Tel est l'esclavage domestique, ou la servitude féodale, deux sortes d'institutions qui font naître et qui entretiennent dans le riche le desir de multiplier les hommes autour de soi, comme, dans d'autres circonstances, il a le desir de multiplier ses troupeaux, ses meutes, ſes haras, &c. mais qui ne faiſant propager l'eſpece humaine qu'en raiſon inverſe de ſa dignité et de ſon bonheur, ne peuvent être regardés, même par la politique, comme des moyens d'amélioration.

Ainſi quand les inſtitutions politiques ſont une fois ſorties de cet état de barbarie et de dégradation qui admet l'eſclavage domeſtique ou civil, et quand l'homme ne peut plus être nourri, pour lui-même, comme une propriété du riche, le travail eſt le ſeul moyen qui reſte au pauvre pour obtenir de la nourriture de celui qui poſſede excluſivement la ſource où toute créature humaine doit puiſer ſa ſubſiſtance.

Puis donc que, même dans le meilleur ordre politique poſſible, les beſoins artificiels du riche ſont le ſeul patrimoine du pauvre, et que c'eſt là le premier champ ouvert au travail et à l'induſtrie, il faut néceſſairement adopter un ſyſtême d'économie politique dans lequel l'induſtrie ait la liberté de déployer ſes efforts et ſes reſſources pour créer au riche des beſoins artificiels, le ſubjuguer à ſon tour par ſes propres fantaiſies et ſes propres habitudes, et balancer ainſi le poids énorme de la propriété excluſive. Alors diſparaîtra toute image de ſervitude, ou au moins des chaînes réciproques et preſque égales attacheront l'une à l'autre les deux grandes claſſes de la ſociété; et s'il n'y a pas d'indépendance abſolue, il y aura une ſorte de liberté relative.

C'eſt donc dans la ſenſualité et la vanité des riches, dans les beſoins innombrables que leur créent ces deux miférables paffions, qu'il faut chercher le principe de la population et de la puiffance des peuples modernes. C'eft fur cette bafe, quelque vile qu'elle puiffe paraître, que le gouvernement eft obligé de fonder tous fes principes économiques.

Si l'on était révolté d'une telle propofition; qu'on daigne feulement fe figurer un inftant tous les propriétaires actuels d'un vafte et fertile territoire, tel que la France, revenus tout-à-coup à ces mœurs fimples et aufteres, à cette frugalité et à cette févere économie que nous nous plaifons à regarder comme l'appanage des anciens tems. Dès lors le travail de leur famille fuffirait aifément à préparer leur nourriture, leurs vêtemens et leurs meubles; ainfi, plus de manufactures, plus de commerce étranger, ni intérieur ; plus d'industrie, plus d'arts. Tous les entrepreneurs d'ouvrage, tous les artisans, artistes, négocians en gros et en détail, toute la population des villes fuirait au dehors, ou s'anéantirait, faute de moyens de subsistance. Ce vide immense dans la population nationale, en amenerait un semblable dans la réproduction annuelle des subsistances, et la classe des ouvriers de la campagne ou fuirait au dehors, ou s'anéantirait, jusqu'à ce qu'elle fût réduite à la quantité strictement nécessaire pour la subsistance des propriétaires. Tout revenu qui excéderait cette subsistance, serait sans valeur pour le propriétaire ; tous ses besoins étant remplis par le travail domestique, il n'aurait pas d'échanges à faire ; il ne pourrait pas non plus

avoir

avoir l'idée d'épargner et d'accumuler, puiſqu'il n'y aurait nul emploi pour les capitaux, et conſéquemment nul avantage à en poſſéder. Dans cet état de faibleſſe et de dépopulation, il faudrait ſuppoſer un changement abſolu dans la nature humaine, pour ne pas convenir que les grands propriétaires envahiraient bientôt les domaines des propriétaires inférieurs, et réduiraient d'abord ceux-ci en ſervitude, pour ſe livrer enſuite entre eux des guerres ſans ceſſe renaiſſantes, juſqu'à ce que l'uſurpation d'un ſeul recommençât l'exiſtence d'un nouvel empire.

Il eſt facile de déclamer contre le luxe; ſes effets pernicieux s'aperçoivent aiſément; mais il n'eſt pas auſſi facile de découvrir les moyens de dégager de ſon influence la population et la puissance d'un empire, sans tomber dans des maux infiniment plus grands.

Il faut pareillement laisser aux poëtes et aux orateurs ces déclamations si rebattues sur l'inégale distribution des richesses, et sur les droits primitifs de tous les hommes aux présens de la nature. Elles ne seront pas inutiles, si elles peuvent contribuer à réveiller dans le cœur des riches des sentimens d'humanité et de bienfaisance ; mais l'imagination la plus confiante et la plus exaltée ne saurait bâtir un systême social sur de pareilles chimeres ; et la philosophie, qui sait que les liens de la société des hommes ne sont formés que de passions, ne peut exprimer d'autre vœu que celui de voir dominer les moins inhumaines et les moins destructives.

La multiplication des richeſſes a été le but vers lequel ont tendu tous les gouvernemens modernes. Tous ſe ſont efforcés d'offrir à la ſenſualité les jouiſſances les plus recherchées, et à la vanité les colifichets les plus diſpendieux ; tous ſe ſont accordés à vouloir attirer chez eux ces parfums, ces aromates, ces belles teintures, ces productions éblouiſſantes et délicieuſes de la zone torride, qui charment et enivrent les riches de tous les climats ; et l'acharnement avec lequel les nations européennes ſe diſputent le privilege de diſtribuer aux autres les tréſors du midi des deux hémiſpheres, démontre juſqu'à quel point elles ſont toutes d'accord ſur cette idée, confirmée d'ailleurs par l'expérience des ſiécles, que c'eſt là qu'eſt attaché le ſceptre du Monde.

Mais pour atteindre à ce but, ce ne ferait pas affez de s'affurer la route des mers, fi l'induftrie nationale ne produifait pas un fuperflu affez abondant pour fuffire aux nombreux échanges que lui offre le commerce étranger ; et c'eft fur les moyens d'augmenter les produits de cette induftrie, que diffèrent principalement les divers fyftêmes d'économie politique.

Celles des nations modernes de l'Europe, dont l'économie politique n'a pas été totalement fubordonnée aux befoins momentanés du gouvernement, ont toutes adopté à-peu-près le même fyftême, et ont penfé que le moyen le plus direct et le plus prompt de s'enrichir, était de travailler et de commercer pour la confommation des autres peuples, et d'attirer ainfi chez foi leur argent.

Tous leurs réglemens intérieurs et leurs traités de commerce, ont été dirigés sur ce plan. C'est d'après cette idée, qu'elles ont toutes cherché à empêcher ou restreindre chez elles la consommation des productions et manufactures étrangeres, favorisant et encourageant, au contraire, l'introduction des matieres premieres, ainsi que l'exportation de leur propre produit et des ouvrages de leur industrie.

La source de cette opinion paraît être, d'une part, dans les préjugés vulgaires, et de l'autre, dans cet esprit de jalousie et de rivalité qui préside souvent aux délibérations politiques.

Il semble que les gouvernemens modernes se soient imaginés :

1°. Qu'une nation ne pouvait s'enrichir qu'aux dépens des autres, et, qu'en conséquence, ils ne devaient pas moins s'occuper de nuire à l'industrie étrangere, que de favoriser la leur.

2°. Qu'il en était d'une nation, comme d'un ouvrier ou d'un marchand, qui s'enrichit à proportion de la quantité d'argent qu'il met dans sa poche à chacune des opérations de son travail ou de son commerce.

Ces deux idées sont également fausses.

Premierement. Comme on l'a déjà observé, une nation qui ne s'enrichirait qu'aux dépens des autres, verrait bientôt tarir la source de sa richesse, et cela d'autant plus vîte, qu'elle réussirait mieux à appauvrir les peuples avec lesquels elle ferait le commerce.

Mais il en eſt tout autrement. La ſource de la richeſſe eſt dans la multiplication des choſes conſommables, et ces choſes ne peuvent ſe multiplier dans un coin du monde, ſans ouvrir à toutes les autres parties de l'univers, une nouvelle branche de commerce et d'induſtrie.

Secondement. Si un ouvrier ou un marchand s'enrichit à proportion de l'argent qu'il met dans ſa poche à chacune de ſes opérations, c'eſt parce que l'argent qu'il amaſſe fait partie de celui qui ſert aux beſoins de la circulation du pays, et que, par conſéquent, il trouve bientôt l'occaſion de replacer cet argent avec profit, ſoit en le prêtant à intérêt, ſoit en achetant un bien-fonds; de maniere que, par l'une ou l'autre de ces deux voies, cette portion de numéraire va acheter des choſes consommables et contribuer d'autant à entretenir l'activité de la circulation nationale.

Mais il n'en est pas de même d'une nation. Elle n'a aucun besoin d'argent au delà de ce qu'en absorbe sa circulation ; tout ce qui excéde ce besoin, ne peut être employé qu'à acheter chez les étrangers des choses consommables, ou bien, il faudra le convertir en bijoux et en vaisselle pour le consommer directement sous cette forme.

En second lieu, un particulier n'amasse les salaires de son travail, que dans l'espérance ou de se reposer dans sa vieillesse, ou de procurer à ses enfans la faculté de vivre sans rien faire. Pour lui, *s'enrichir*, n'est autre chose que passer de la classe qui travaille, dans la classe qui ne fait rien ;

et

et cet arrangement particulier ne nuit nullement à la maſſe de l'induſtrie nationale, parce qu'il y a en même-tems d'autres perſonnes diſpoſées à remplir dans la claſſe des travailleurs, tous les vuides qui peuvent y ſurvenir. Ainſi, un particulier ne travaille pour les autres au-delà de ſes beſoins journaliers, que parce qu'il eſpere qu'un jour les autres travailleront pour lui.

Il n'en eſt pas ainſi d'une nation. Elle ne peut pas conſacrer ſon tems et ſon induſtrie au ſervice des autres nations, dans l'eſpoir que celles-ci travailleront un jour pour elle. Une nation vit néceſſairement au jour le jour, parce qu'elle n'a point d'âge et que c'eſt toujours pour elle le moment de jouir et de conſommer. Elle amaſſe inſenſiblement, à meſure des progrès de ſon induſtrie, parce que le fonds de consommation des particuliers va toujours en augmentant de plus en plus; mais elle ne saurait amasser autrement, et elle ne peut s'enrichir qu'en aggrandissant à-la-fois, et la mesure de ses consommations et celle de ses productions.

Quelques peuples, il est vrai, ont été tellement bornés par la nature, dans les moyens d'accroître leur richesse, qu'ils se sont vus forcés de prêter à intérêt l'argent de leurs épargnes à d'autres nations; mais, hors ces circonstances, une nation ne pourrait pas faire de ses économies un emploi qui fût moins lucratif, moins solide et plus impolitique en même-tems.

Tout systême qui tend à encourager les manufactures et le commerce dans un Etat, en décourageant en même tems les consommations ou en gênant la liberté des consommateurs, est en contradiction avec lui-même.

Tout système qui tend à donner à l'industrie et au commerce une direction particuliere, est faux et illusoire.

L'industrie et le commerce ne veulent que des salaires et des profits. Ces salaires ou ces profits seront plus ou moins offerts par les consommateurs, selon que les produits du travail seront plus ou moins demandés, c'est-à-dire, selon qu'ils flatteront plus ou moins le goût, qui détermine toujours la demande. Il y aura donc entre les variations continuelles du goût et des fantaisies du consommateur, et entre la direction que le travail et l'industrie chercheront à prendre, une correspondance néceſſaire qui s'établira d'elle-même, comme entre deux effets ſubordonnés à une même cauſe. Or, le goût et les fantaiſies du conſommateur ſont hors de la portée du pouvoir et des ſpéculations de l'homme d'Etat. Ils ſont même tellement indiſciplinables par leur nature, qu'il ſuffit de leur preſcrire une direction, pour qu'ils en prennent auſſitôt une contraire.

Ainſi le meilleur ſyſtême que puiſſe adopter un gouvernement pour augmenter la richeſſe nationale, conſiſte à laiſſer aux conſommations et à l'induſtrie la plus entiere liberté.

D'après ce ſyſtême, en laiſſant les conſommateurs ſuivre ſans reſtriction leurs goûts et leurs fantaiſies, le gouvernement pourra ſe repoſer ſur l'intérêt naturel qu'ont les conſommateurs à préférer les marchandises les moins coûteuses, et par conséquent, toutes choses égales d'ailleurs, les productions nationales à celles que l'étranger leur apporterait de plus loin.

En laissant le travail et l'industrie libres dans tous les emplois, il pourra se reposer sur l'intérêt individuel, du soin de discerner ce qui convient le mieux à chacun, et de répartir la masse totale du travail et de l'industrie dans les divers emplois, de la maniere la mieux proportionnée et la mieux assortie à l'état toujours variable des demandes.

En laissant les ports et les frontieres ouverts à toutes les exportations, il pourra se reposer sur l'intéret naturel qu'ont les exportateurs à ne faire sortir que les choses qui ſont le moins en demande dans le pays, et à donner toujours la préférence aux acheteurs nationaux qui épargnent les frais et les riſques de l'exportation.

En laiſſant la même liberté à toutes les importations, il pourra également ſe repoſer ſur l'intérêt naturel qu'ont les importateurs à ne faire venir du dehors que ce qu'ils ne peuvent avoir au même prix dans le pays, ainſi que ſur l'émulation de l'induſtrie nationale et ſur les efforts continuels qu'elle fait pour ſe maintenir dans ſon propre marché, et y profiter de tous ſes avantages, dans tous les cas où la nature n'y a pas oppoſé des obſtacles inſurmontables.

Cette régle de conduite ſi ſimple et ſi uniforme ne peut admettre que quelques exceptions déterminées par les circonſtances momentanées, et qu'on ne peut ſoumettre à des principes généraux.

Un pareil ſyſtême paraîtraît d'une exécution bien facile; mais laiſſer aller les choſes à leur cours naturel ſans prétendre à l'honneur de les diriger, eſt, à ce qu'il ſemble, une tâche preſque impoſſible pour un homme d'Etat.

Cependant, même ſous l'empire de la liberté, il y a une protection que le gouvernement doit au travail.

Il y a auſſi des dépenſes indiſpenſables à la ſûreté extérieure et à la tranquillité domeſtique de l'Etat, auxquelles on ne peut fournir que par des impôts.

CHAPITRE II.

De la protection que le Gouvernement doit au travail.

La protection que le gouvernement doit au travail consiste à écarter certains obstacles naturels qui retardent la marche de l'industrie, et qu'elle ne surmonterait pas aisément avec ses propres forces.

Les obstacles que l'industrie ne surmonterait pas aisément avec ses propres forces, sont :

1°. Ceux qui retardent l'activité de la circulation générale; tels que les difficultés et les dangers des routes, les avaries survenues dans l'agent de la circulation, et l'inexécution des conventions.

Le gouvernement doit faciliter la

communication des perſonnes et le tranſport des marchandiſes, en tenant les routes ſûres et faciles ; en ouvrant des chemins et des canaux ; en mettant à profit tous les moyens de navigation intérieure, et en aſſurant à ſes gouvernés la libre jouiſſance des mers qui les environnent.

Il doit entretenir l'agent de la circulation de maniere à ce que chacune des pieces de monnaie qui le composent, ſoit toujours le plus près poſſible de la valeur nominale qui lui eſt attribuée.

Il doit aſſurer l'exécution des contrats par les moyens les plus efficaces, les plus prompts et les moins diſpendieux.

Tous ces différens travaux tournent au bénéfice de la ſociété en général, et favoriſent indiſtinctement tous les différens genres d'induſtrie ; ainſi ils ne ſont pas de nature à pouvoir être entrepris avec profit par une induſtrie particuliere.

Les autres obſtacles naturels que l'induſtrie ne ſurmonterait pas aiſément de ſes propres forces, ſont :

2°. Ceux qui ſe rencontrent à l'ouverture et dans les premiers pas d'une nouvelle branche d'induſtrie. Une entrepriſe nouvelle eſt toujours accompagnée de riſques et d'incertitudes qui l'emportent ſur les premiers profits qu'elle peut rendre. L'entrepreneur qui veut ouvrir dans ſon pays une branche d'induſtrie dont les étrangers ſont en poſſeſſion, a à lutter contre les déſavantages de l'eſſai et la charge des avances qu'exige le premier établiſſement.

Le gouvernement doit lui applanir les premieres difficultés, et dès les premiers pas le placer au niveau de ses concurrens. Cela fait, la tâche du gouvernement est remplie ; et si l'entreprise laissée à son cours naturel n'obtient pas de succès, c'est une preuve qu'elle n'était pas avantageuse par elle-même.

C'est à ces deux points que se borne la protection ouverte que le gouvernement doit au travail. Mais il y a encore une sorte de protection tacite qui naît de l'influence qu'a sur les gouvernés l'exemple de ceux qui gouvernent. Ainsi, les premiers magistrats d'un Etat, par la direction qu'ils donnent à leurs dépenses personnelles, attirent nécessairement dans la même voie, celles de la classe opulente. C'est de cette maniere qu'ils peuvent encourager certaines branches de l'induſtrie nationale ou qu'ils peuvent amener les riches à ſoutenir ces arts, qui ſont la gloire et l'ornement de la nation qui les cultive avec ſuccès.

CHAPITRE III.

De l'Impôt.

DANS la langue fiscale, on distingue l'impôt, en impôt *direct* ou *indirect*, d'après la forme dans laquelle il se perçoit, mais l'économie politique ne considérant l'impôt que relativement à l'influence qu'il a sur la richesse publique, appelle impôt *direct*, celui qui se leve directement sur une partie du revenu national, et *indirect*, celui qui porte indirectement et d'une maniere détournée sur ce revenu.

ARTICLE PREMIER.

De l'Impôt direct.

L'impôt *direct* est un prélevement fait sur les produits de la terre, avant qu'ils soient entrés dans la circulation.

La portion de ces produits exigée par l'impôt, peut être déterminée de deux manieres différentes ; elle peut être déterminée relativement à la totalité du produit, ou bien, relativement à la part du propriétaire dans ce produit.

Dans l'un comme dans l'autre cas, il faut toujours que le propriétaire consente à supporter sur sa part la totalité de l'impôt, attendu qu'il n'y a que cette part qui puisse être dépensée librement et arbitrairement, sans nuire à la reproduction, au lieu que le reste du produit est inviolablement consacré à l'entretien de la culture, et qu'on ne pourrait en détourner la moindre partie à toute autre destination, sans diminuer, dans une quantité beaucoup plus forte, le revenu courant.

Mais cependant si l'impôt est d'une portion déterminée, relativement au produit total, il en résulte deux inconvéniens :

1°. L'impôt emporte une portion beaucoup plus grande que celle qu'il paraît exiger.

2°. Il pese nécessairement d'une maniere inégale sur les différens propriétaires.

L'impôt qui est déterminé d'après la totalité du produit, la *dîme*, par exemple, emporte une portion beaucoup plus grande que celle qu'elle paraît exiger. Dans les bonnes terres, où on peut supposer que sur dix gerbes, il en revient seulement au plus quatre au propriétaire, et les six autres sont inviolablement destinées à fournir à l'entretien des frais et avances de la culture, la *dîme*, qui ſemble n'exiger qu'un dixieme du produit, emporte réellement un quart de ce qu'il y a de diſponible dans ce produit. Dans les terres moyennes, elle en emporte au moins le tiers ; dans les mauvaiſes terres, elle en emporte environ la moitié. Ainſi ſi on doublait la *dîme* ſur ces dernieres, il eſt probable que la culture en ſerait abandonnée, le propriétaire n'ayant plus alors d'intérêt à les faire cultiver.

En ſecond lieu, les terres n'étant pas toutes d'une fertilité égale, les unes exigent plus de frais et d'avances que les autres, pour rendre un même produit ; en conſéquence l'impôt uniforme d'une portion déterminée du produit total, peſe bien plus fortement ſur les mauvaiſes terres que ſur les médiocres, et ſur les médiocres que ſur les bonnes.

L'impôt

L'impôt direct doit donc être d'une portion déterminée, non pas relativement au produit total, mais relativement au produit *net*, c'est-à-dire, à la part qui appartient au propriétaire en vertu de son droit de propriété, et qui est à sa libre disposition.

Article II.

Des impôts indirects.

Il serait trop long de faire l'énumération des impôts indirects ; le fisc les a multipliés à l'infini, et les a déguisés sous mille formes différentes. En général, ce sont des prélevemens faits sur les richesses dans les différentes périodes de leur circulation, en quelques mains qu'elles se trouvent.

Les uns se font sous la forme de

contributions, les autres ſous la forme de *taxes*.

Les *contributions* ſont impoſées ſur les particuliers, d'après les facultés que leur préſume celui qui aſſied l'impôt : telles ſont les *tailles*, les *capitations*, les *contributions mobiliaires*, &c.

Les *taxes* ſont impoſées ſur les marchandiſes, à deſſein de faire tomber l'impôt ſur le conſommateur. Quelques-unes ſe levent pendant la circulation intérieure de la marchandiſe ; d'autres, à ſon paſſage aux frontieres de l'empire, quand elle eſt exportée ou quand elle eſt importée.

Les taxes de la premiere ſorte ont le nom d'*aides*, *gabelles*, *acciſe*, *péage*, *timbre*, &c. Le ſel et les boiſſons ſont les denrées qui ont été le plus généralement chargées de *taxes*.

Celles de la seconde sorte ont le nom de *douanes*, *traites foraines*, &c.

Quand la chose consommable est d'une longue durée, elle est souvent taxée sous la forme d'une contribution levée sur celui qui la consomme. Telles sont les taxes sur les maisons, sur les carrosses et chevaux d'agrément, ainsi que les droits annuels qu'on paye en certains pays pour la permission d'avoir de la vaisselle d'argent, de manger du pain blanc, de boire du thé, &c.

La différence principale entre l'impôt *direct* et l'impôt *indirect*, c'est que le premier atteint les richesses au moment de la recette, et l'autre au moment de la dépense. Or, il n'y a qu'une ſource de recette tandis que la dépenſe ſe fait par une foule d'iſſues différentes; c'eſt pour cela que l'impôt indirect eſt ſuſceptible de tant de variété.

L'impôt indirect eſt payé indifféremment par ceux qui vivent de leurs revenus fonciers, ainſi que par ceux qui vivent de ſalaires et de profits; mais ce paiement affecte d'une maniere fort différente la condition des uns et des autres.

Ceux qui vivent de leurs revenus fonciers, payent l'impôt indirect, comme l'impôt direct, ſans pouvoir le rejeter ſur perſonne. Ce paiement eſt un retranchement réel ſur leurs aiſes et leurs jouiſſances.

Ceux qui vivent de ſalaires ou de profits, payent l'impôt indirect par forme d'avance ſeulement, et le rejettent en définitif ſur le conſommateur. En effet, le taux des ſalaires et celui des profits ſont déterminés par des circonſtances étrangeres à l'impôt ; ſi la rareté du travail ou celle des capitaux eſt la même après l'impôt qu'elle était avant, il faudra toujours que le travailleur ou l'entrepreneur retrouvent leur ſalaire ou leur profit au taux où ils étaient avant l'impôt, puiſque la cauſe qui a déterminé ce taux n'a pas varié.

Ainſi, ſi l'impôt indirect eſt par forme de *contribution*, le travail et le profit hauſſeront dans tous les emplois, de maniere à ce que tous les travailleurs et tous les entrepreneurs de travail ſe retrouvent dans la même condition où ils étaient avant l'impôt.

Si l'impôt indirect eſt par forme de *taxe* ſur une marchandiſe particuliere, le prix de cette marchandiſe hauſſera de maniere à ce que ceux dont le travail et les capitaux ſont employés à la produire ou à la mettre en vente, ſe trouvent dans la même condition où ils étaient avant l'impôt, ſans quoi pluſieurs abandonneraient un emploi qui ne ſerait plus de niveau avec les autres, quant aux avantages, et cette déſertion ferait naître dans cet emploi une rareté de travail et de capitaux ſuffiſante pour le faire remonter au niveau des autres emplois.

De quelque maniere donc que ſoit aſſis l'impôt indirect, il ne changera pas la condition de ceux qui vivent de ſalaires et de profits. Il changera ſeulement la condition de celui qui vit de revenus fonciers, ou de revenus fixes.

La condition de ce dernier ſera moins aiſée par deux raiſons. La premiere, parce que l'impôt indirect qu'il paye perſonnellement, eſt pour lui une dépenſe nouvelle qui n'ajoute rien à ſes aiſes et à ſes jouiſſances. La ſeconde, parce qu'il achete plus chérement les choſes qu'il conſomme, étant obligé de fournir aux agens et entrepreneurs du travail un ſurcroît pour indemniſer ceux-ci de l'impôt qu'ils payent.

Ce ſurcroît n'eſt pas ſeulement du montant de l'impôt ; comme l'impôt fait partie des avances de l'entrepreneur du travail, et que celui ci doit avoir un profit ſur toutes ſes avances, il faut lui rembourſer non-ſeulement l'impôt qu'il a avancé, mais encore ſes profits ſur cet article, comme ſur les autres.

A chaque dégré de main-d'œuvre et à chaque échange que ſubiſſent les marchandiſes dont le prix eſt déjà affecté par l'impôt indirect, ce prix hauſſe non-ſeulement d'un profit ſur l'impôt, mais encore d'un profit ſur le profit réſultant de l'impôt avancé dans les dégrés de main-d'œuvre ou les échanges qui ont précédé.

On a dit que l'impôt indirect était toujours payé par le conſommateur; mais il ne faut pas oublier qu'il y a deux claſſes de conſommateurs : les conſommateurs *de leur propre revenu*, qui ſont les propriétaires fonciers; et les conſommateurs *du revenu d'autrui*, qui ſont les ſalariés, les entrepreneurs

preneurs de travail, les commerçans, les propriétaires de capitaux, de maisons, &c. lesquels, en échange du travail qu'ils font ou des services qu'ils rendent, reçoivent de la main des premiers de quoi fournir à leur consommation personnelle. Or, l'impôt indirect ajoute à la consommation de cette seconde classe un nouvel article de dépense qui lui sera fourni de la même maniere, et par la même raison qui faisait qu'on lui fournissait déjà les autres.

L'impôt indirect est donc toujours supporté en définitif par les propriétaires fonciers, ainsi que l'impôt direct; mais les effets de ces deux impôts sur la fortune publique sont extrêmement différens.

ARTICLE III.

Des effets de l'Impôt ſur la richeſſe nationale.

L'impôt direct ne change rien aux proportions naturelles entre les différentes ſortes de richeſſes, ni à l'équilibre entre les diverſes ſortes de travail et d'emploi de capitaux. Il ne fait autre choſe que de retirer des mains des propriétaires une portion des richeſſes qu'ils deſtinaient à leur conſommation, et de la tranſporter dans les mains du gouvernement qui la fait conſommer par ſes agens. Ainſi la maſſe des conſommations n'eſt point par-là diminuée; il n'y a de changé que les conſommateurs.

L'impôt direct ôte, dit-on, aux propriétaires les moyens d'améliorer leurs terres, ou au moins diminue en eux ces moyens. Mais cette objection ſerait commune à toute eſpece d'impôt, puiſque tout impôt eſt en définitif ſupporté par les propriétaires. Elle ſerait même plus forte contre l'impôt indirect qui retombe ſur eux avec la ſurcharge des profits de tous ceux qui en ont fait l'avance.

L'objection en elle-même n'eſt que ſpécieuſe. Ce qui porte le propriétaire à diriger ſes dépenſes vers l'amélioration de ſa terre, c'eſt moins les moyens qu'il en a, que ſon caractere et ſon inclination naturelle. S'il eſt économe et porté à améliorer ſa terre, il ſaura bien retrancher ſur d'autres dépenſes, ou emprunter de quelque autre perſonne, pour exécuter ſes projets d'amélioration. Or le montant de l'impôt, en ſe diſtribuant entre les différentes personnes appelées à le consommer, passera aussi par des mains disposées à épargner, et qui prêteront volontiers à un propriétaire économe le montant de leurs épargnes. Ainsi les sommes que l'économie destinait à la fertilisation ou à l'amendement de la terre, seront toujours ramenées par elle à leur destination.

Si l'impôt direct ne passe pas de justes bornes (celles des dépenses indispensables du gouvernement) loin de nuire à la richesse nationale, il est probable qu'il sera favorable à son accroissement, parce que les propriétaires auxquels l'impôt aura enlevé une partie de leur revenu, seront excités à améliorer leurs terres pour retrouver annuellement les moyens de continuer le même train de dépense auquel ils étaient accoutumés.

On ne peut dire qu'une chofe en faveur de l'impôt indirect par forme de taxes, c'eft qu'il eft d'une perception prompte et facile, et qu'il frappe les contribuables d'une maniere prefque infenfible, parce qu'il s'acquitte fucceffivement par parties infiniment petites, et qu'il fe confond entiérement dans le prix des chofes confommables, et par conféquent dans les différens articles qui compofent la dépenfe libre et arbitraire du confommateur.

Cet avantage eft inappréciable aux yeux d'un gouvernement avide ou obéré, qui ne redoute rien tant que les difficultés de la perception, et qui ne peut faire fupporter la maffe énorme des impôts qu'il exige qu'à force de détours et de déguifemens; mais s'il ménage ainfi les paffions des particuliers et s'il trompe leur ignorance, ce ne peut être qu'aux dépens de la prospérité nationale ; et l'impôt devient d'autant plus nuisible à la fortune publique, que la voie qu'on lui fait suivre est plus longue et plus détournée.

Ainsi une sage économie politique regarde ces prétendus avantages des taxes comme un vice de plus, parce qu'ils encouragent les exactions du fisc, et le rendent encore plus avide et plus entreprenant.

L'impôt indirect ajoute une valeur factice au travail et aux marchandises; il dénature les rapports naturels entre les différentes valeurs; il renverse les proportions entre les diverses sortes d'emplois du travail et des capitaux, et il jette la confusion et le trouble dans la circulation des richesses.

Les taxes sur les consommations, découragent la consommation de la denrée sur laquelle elles portent, et par conséquent en découragent la reproduction.

Vouloir justifier une taxe parce qu'elle porte sur des objets de luxe, c'est perdre de vue les rapports qui existent entre tous les membres de la société. La plus frivole dépense d'un riche fournit au pauvre les nécessités de la vie. Les ouvriers qui travaillent aux galons, aux broderies, aux dentelles, &c. sont de la classe la plus indigente. Supprimer la consommation de ces frivolités, est la même chose que d'ôter à ces malheureux leur emploi et leur subsistance. Les renverrez-vous travailler à la terre?

Mais c'eſt préciſément parce que la terre donne déjà un grand ſuperflu au propriétaire, que celui-ci veut conſommer des galons, des broderies et des dentelles.

Cependant les taxes ſur les conſommations de néceſſité ſont infiniment plus déſaſtreuſes que toutes les autres, parce qu'elles peſent ſur tous les conſommateurs ſans exception, et cela d'une maniere fort inégale et abſolument diſproportionnée à leurs facultés : or, de tous les vices que peut avoir un impôt, l'inégalité de répartition eſt, ſans aucune comparaiſon, le plus fatal à la fortune publique.

Les taxes ſur les conſommations non-ſeulement tendent à diminuer la conſommation intérieure, mais encore, en renchériſſant chez nous le travail et les profits, elles éloignent et découragent les acheteurs étrangers ; ainſi elles nuiſent de ces deux manieres à la réproduction des richeſſes.

C'eſt une illuſion que de ſe figurer que les étrangers contribueront à nos impôts au moyen des taxes ſur les exportations ou ſur les importations ; les taxes, telles qu'elles ſoient, grevent toujours la nation qui les impoſe.

Une taxe ſur l'exportation d'une marchandiſe, diminuera néceſſairement la quantité qui en ſera exportée ; car il n'y a pas à douter que, avant la taxe, l'exportateur retirait de ſa marchandiſe le plus haut prix qu'il lui était poſſible d'en obtenir.

Ainſi, au moyen du ſurenchériſſement occaſionné par l'impôt, l'étranger conſommera moins de cette marchandiſe, ou s'en pourvoira ailleurs.

Une taxe ſur l'importation ſera néceſſairement ſupportée par la nation qui importe; car il n'y a pas à douter qu'avant la taxe, elle importait au meilleur marché qu'il lui était poſſible d'obtenir. Ainſi, malgré le renchériſſement occaſionné par l'impôt, il faut toujours que l'importateur fourniſſe le même prix à ſon vendeur, ſans quoi celui-ci ne conſentira plus à lui vendre.

Une taxe ſur les inſtrumens des conventions, ou ſur les procédures judiciaires, eſt une entrave à la circulation, et rend les emprunts et les échanges d'autant moins faciles que l'exécution des conventions eſt plus diſpendieuſe et plus incertaine.

Une taxe ſur le tranſport des propriétés mobiliaires ou immobiliaires en décourage la circulation et diminue la valeur réelle des propriétés qui y ſont aſſujetties, relativement à la valeur réelle de l'or et de l'argent, ou autres objets d'échange.

Les *taxes* amenent néceſſairement à leur ſuite des concuſſions, des vexations, la tentation de frauder, et des réglemens barbares pour empêcher ces fraudes.

L'impôt indirect par *contribution*, eſt toujours ſuivi d'arbitraire, et ſon incertitude favoriſe l'abus de pouvoir dans ceux qui taxent, et le deſir de fruſtrer le tréſor public, dans ceux qui ſont taxés.

Les impôt indirects, quels qu'ils ſoient, jettent le déſordre et la confuſion dans les recettes et dépenſes du gouvernement. Comme conſommateur, le gouvernement paie lui-même tous les impôts indirects de ſes agens et ſalariés, et les taxes ſur les choſes qu'il conſomme par lui-même ou par eux; et il les paie avec toutes les ſurcharges qu'entraîne ce genre d'impôt. Comme receveur de l'impôt, le gouvernement reprend ſur les ſalaires qu'il donne à ſes agens et ſur toutes ſes dépenſes, les taxes et contributions dont ces ſalaires et ces dépenſes ſont chargés. Ainſi les recettes apparentes du gouvernement ſont groſſies de toute la dépenſe que lui occaſionnent les impôts indirects, en ſa qualité de conſommateur ; et les dépenſes apparentes du gouvernement ſont groſſies de tout ce qu'il reprend enſuite par forme de taxes et contributions ſur ſes propres ſalariés et ſur ſes propres conſommations. C'eſt ce double emploi qui porte la ſomme nominale des impôts et dépenſes annuelles des gouvernemens modernes de l'Europe à une quantité numérique ſi diſproportionnée au revenu réel de la Nation.

C'eſt cette forme vicieuſe de comptabilité qui a fait illuſion à tant de perſonnes, et qui leur a fait naître contre l'impôt direct une objection qu'elles ont crue victorieuſe, parce qu'elle était appuyée ſur des réſultats arithmétiques. Ces perſonnes ont comparé le produit d'un impôt direct, tel, par exemple, que le 20ᵉ ſur les terres, avec le total des recettes du gouvernement, et comme elles ont trouvé que ce 20e multiplié jusqu'à vingt fois, c'est-à dire, porté jusqu'à la totalité du produit net territorial, ne pourrait atteindre à la totalité des recettes actuelles du gouvernement, elles en ont conclu l'insuffisance de cette espece d'impôt pour défrayer toute la dépense du gouvernement.

Mais ces personnes n'ont pas fait attention à la différence essentielle qui se trouvait entre les deux termes de comparaison; savoir : que le 20e sur les terres était un article de recette effective qui entrait en totalité dans le trésor public, sans restitution ni reprise quelconque, tandis que tous les autres articles de recette étaient grossis de la portion que le gouvernement payait pour lui et pour ses ſalariés ; en ſorte qu'à l'égard de cette portion, la recette n'était que fictive. En ſupprimant tous les impôts indirects, le gouvernement, comme tous les autres conſommateurs, ſe trouverait déchargé d'une dépenſe énorme, et ferait les mêmes conſommations avec infiniment moins de frais; tandis qu'en même-tems ſa recette en impôt direct n'éprouverait aucune diminution; ainſi, ſi l'on veut ſuppoſer toute ſa recette en impôt direct, il faut donc en même-tems ſuppoſer toute ſa dépenſe déchargée des impôts indirects ; alors on ne ſera pas obligé de multiplier juſqu'à vingt fois le produit du 20ᵉ ſur les terres, pour mettre de niveau la recette et la dépenſe.

En Angletere, l'impôt direct ou territorial ne forme gueres qu'un cinquieme de la totalité des impôts. En France, ce genre d'impôt en formait à-peu-près le tiers (1). Ainsi, en supposant la somme nominale des impôts annuels égale chez l'une et l'autre nation, celle chez laquelle l'impôt direct dominait davantage, supportait en réalité une masse d'impôts plus forte que l'autre.

C'est beaucoup moins par la grandeur de leur masse que les impôts nuisent à la fortune publique, que par la maniere vicieuse dont ils sont assis, et sur-tout par l'inégalité de leur répartition. L'impôt qui ne prend que sur le superflu du consommateur, semble exciter dans celui-ci le desir d'user de tous ses moyens pour

(1) Voyez *de l'Administration des finances de France*, par M. Necker, tom. 1er, ch. 6.

réparer la brêche faite à ses jouissances accoutumées. Mais l'impôt qui touche au nécessaire, porte avec soi le découragement et le dégoût, ralentit les efforts du travail et de l'industrie, et attaque ainsi la réproduction dans sa source. Or, un impôt mal réparti laisse aux riches presque tout leur superflu, quand il entame déjà le nécessaire du pauvre.

On peut observer que, dans les principaux Etats de l'Europe moderne, l'industrie et l'opulence ont été en raison, non de la masse totale des impôts, mais de la forme plus ou moins vicieuse de leur répartition.

CHAPITRE IV.

Des dettes publiques.

UN gouvernement qui ferait un emprunt pour fournir à quelque dépense extraordinaire d'utilité publique, comme pour ouvrir des canaux, dessécher des marais, fertiliser des landes, &c., agirait comme un particulier prudent et économe, puisqu'un pareil emploi, ajoutant à la fois au revenu national annuel et à la population, produirait par lui-même les moyens d'aquitter l'emprunt en principal et en intérêts, avec encore un bénéfice considérable pour la nation qui aurait emprunté.

Mais aucun gouvernement n'a fait un pareil usage de son crédit, et on ne peut les comparer tous qu'au prodigue qui emprunte ſans trop s'aſſurer des moyens de rendre, et dans la ſeule vue de ſatisfaire ſes paſſions. Malheureuſement encore, parmi les paſſions des gouvernemens, celles qu'alimente cette funeſte puiſſance d'emprunter, ſont les plus deſtructives et les plus meurtrieres.

Sous ce rapport, et ſous pluſieurs autres qui tiennent à des conſidérations purement politiques, on ne ſaurait trop déplorer cette inſtitution monſtrueuſe des tems modernes, par laquelle un gouvernement ſe conſtitue fictivement débiteur des peuples, et promet de leur payer à perpétuité, avec leurs propres tributs, le prétendu intérêt des énormes capitaux que les fureurs de la guerre engloutiſſent en deux ou trois années.

Quant à l'effet des dettes publiques ſur la richeſſe nationale, qui eſt le ſeul dont nous ayons à nous occuper ici, c'eſt une toute autre conſidération qui n'eſt pas, à beaucoup près, auſſi ſimple ni auſſi évidente.

Les écrivains politiques les plus diſtingués ſe ſont accordés à regarder les dettes publiques comme totalement nuiſibles à la proſpérité de l'Etat qui les a contractées, et comme un mal abſolu qui n'eſt compenſé par aucun avantage.

Cependant quand on obſerve que les nations les plus opulentes de l'Europe ſont celles qui paraiſſent les plus accablées ſous ce fardeau, et que les efforts de leur induſtrie ſemblent avoir marché de pair avec les progrès de leur dette publique, on eſt tenté de croire que ces écrivains se sont trompés dans leurs spéculations.

Sans doute, si la dette publique s'accroît dans une proportion trop forte, et si le service annuel de cette dette entraîne des impôts excessifs et ruineux, on pourra avec raison regarder la dette publique comme la cause originaire de tous les maux que ces impôts ne manqueront pas d'amener avec eux.

Mais si la dette publique ne croissait que dans une juste proportion avec l'accroissement successif du revenu national; si elle était servie par un impôt sagement établi qui ne portât que sur le superflu des propriétaires, alors n'est-il pas probable qu'elle ne produirait que des effets avantageux à l'industrie, à la richesse et à la population du pays?

Dans cet état de choſes, l'effet de la dette publique eſt de créer une claſſe nouvelle de conſommateurs qui, en échange des ſervices par eux rendus à l'État par les capitaux qu'ils lui ont prêtés, prélevent annuellement ſur le revenu des propriétaires une quantité de ſubſiſtances proportionnée à l'étendue de ces ſervices.

Cette claſſe nouvelle, naturellement oiſive, comme les propriétaires, conſacre à ſes commodités et à ſes jouiſſances le ſuperflu de ſubſiſtances qu'elle reçoit; et, comme eux, elle diſtribue ce ſuperflu dans la claſſe laborieuſe et induſtrieuſe qui remplit les divers emplois du travail.

Mais à meſure que cette nouvelle claſſe s'éleve et qu'elle groſſit en nombre et en richeſſes, la claſſe des propriétaires ne peut consentir à se priver des jouissances auxquelles le progrès successif de ses revenus l'a accoutumée. Elle ne s'occupe que des moyens de remonter ses revenus au même dégré, pour jouir toujours du même superflu ; et comme elle possede la source inépuisable des richesses, ses vues sont toujours remplies. Elle ne manquera pas de capitaux pour l'amélioration de ses terres ; ceux qu'elle aurait dissipés, elle les retrouvera économisés dans la main de quelques-uns des créanciers de l'État auxquels elle pourra les emprunter.

Ainsi, au bout de quelques années, la classe des propriétaires se trouve avec le même superflu dont elle jouissait avant la création de la dette publique; et à mesure que celle-ci s'accroîtra, l'opération des mêmes caufes amenera les mêmes effets.

L'inftitution d'une dette publique aura donc été la même chofe que fi l'on eût doublé les befoins artificiels des propriétaires. Quoique les gouvernemens foient loin de fe propofer ce but, il n'en eft pas moins réellement atteint, quand ils impofent aux propriétaires la néceffité d'abandonner une partie de leur fuperflu à de nouveaux confommateurs. Or, l'amendement et l'extenfion de la culture, et par fuite les progrès de l'induftrie et du commerce n'ont pas d'autre caufe que l'extenfion de ces befoins artificiels. Si les progrès de la navigation, fi la découverte de la véritable route des Indes, fi celle d'un nouveau Monde ont imprimé un mouvement fi prodigieux et fi rapide

rapide au commerce et à l'induſtrie de l'Europe, n'eſt-ce pas uniquement parce que ces événemens ont ajouté une foule d'articles nouveaux et inconnus juſqu'alors à la liſte des beſoins artificiels du riche ? Donc, par une ſuite du même principe, la dette publique doit produire des effets ſemblables.

Cette nouvelle claſſe de conſommateurs qu'a créés la dette publique, finit donc par être réellement un ſurcroît ajouté au nombre total des conſommateurs exiſtans précédemment ; ainſi la maſſe totale des conſommations en eſt d'autant augmentée ; ce ſont autant de nouveaux emplois ouverts au travail et aux capitaux ; et ce ſurcroît de conſommations amenant un accroiſſement proportionné dans les demandes, tant des produits de la terre que du travail, il doit en résulter une augmentation progressive dans la valeur des terres, dans la population, et dans les opérations de l'industrie.

Cette augmentation dans la valeur des terres et dans les efforts de l'industrie, ne tournera cependant au profit de la nation, qu'autant que la dette publique sera payée à des consommateurs nationaux, et les étrangers en recueilleront les fruits jusqu'à concurrence des sommes dont ils seront créanciers dans cette dette. Quand une nation emprunte aux étrangers, c'est comme si elle s'obligeait à travailler annuellement pour eux jusqu'au remboursement du capital emprunté.

Si la dette publique contribue à l'accroissement de la richesse nationale, il ſaut ne pas perdre de vue que ce n'eſt qu'indirectement, et comme cauſe occaſionnelle ſeulement, et ne pas tomber dans l'opinion abſurde de quelques écrivains qui ont regardé la dette elle-même comme une nouvelle richeſſe créée par le gouvernement, et qui ont conſidéré les titres de cette dette, c'eſt-à-dire, les *contrats*, *annuités*, *effets publics*, *&c.* qui servent à la conſtater, comme autant de valeurs nouvelles ajoutées à la maſſe des valeurs exiſtantes dans la circulation.

Tant qu'une nation n'eſt pas parvenue à donner à tout ſon territoire le plus haut degré de culture dont il ſoit ſuſceptible, on ne peut pas dire qu'elle ſoit arrivée au *maximum* de la dette publique qu'il lui eſt poſſible de ſupporter. Or, aucun peuple de l'Europe moderne n'a encore atteint, à beaucoup près, ce dégré de culture. Si certains peuples paroiſſent opprimés ſous le fardeau de leur dette publique, il faut l'attribuer à l'une ou l'autre de ces deux cauſes-ci, peut-être à toutes les deux enſemble; ſavoir : 1°. Que l'accroiſſement de la dette eſt trop rapide et trop précipité, pour que les progrès de la culture puiſſent marcher de pair avec elle. 2°. Que la forme vicieuſe et l'inégale répartition des impôts arrêtent ou compriment au moins les progrès ſucceſſifs de la culture.

FIN.

TABLE DES MATIERES.

PREMIERE PARTIE.

De la formation des Richesses et de leur distribution.

SECONDE PARTIE.

TROISIEME PARTIE.

Fin de la Table.

www.ingramcontent.com/pod-product-compliance
Ingram Content Group UK Ltd.
Pitfield, Milton Keynes, MK11 3LW, UK
UKHW020545180726
13838UKWH00001B/42

9 782329 438535